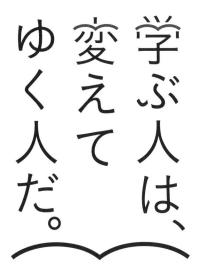

学ぶ人は、
変えて
ゆく人だ。

目の前にある問題はもちろん、

人生の問いや、

社会の課題を自ら見つけ、

挑み続けるために、人は学ぶ。

「学び」で、

少しずつ世界は変えてゆける。

いつでも、どこでも、誰でも、

学ぶことができる世の中へ。

旺文社

# はじめに

　もうすぐ試験本番—そんなときに一番大事な英検対策は，試験形式に慣れることです。
『7日間完成 英検 予想問題ドリル』シリーズは，7日間で試験本番に向けて，直前の
総仕上げができる問題集です。目安として1日1セットずつ学習することで，最新の試
験形式に慣れることができ，合格への実力が養成されるように構成されています。

　本書には以下のような特長があります。

**本番に限りなく近い予想問題！**
過去問分析を基にした本番に近い予想問題を収録しています。
また，各回の最初に，単熟語，文法，問題攻略法等をまとめたページもあるので，効
率よく重要事項を押さえることができます。
**学習スタイルに合わせて音声が聞ける！**
リスニングアプリ「英語の友」を使ってスマホでの音声再生が可能です。また，PC
からの音声ファイルダウンロードにも対応しています。
**面接（スピーキングテスト）にも対応！**
本書1冊で面接対策までカバーしています。
**採点・見直しが簡単にできる！**
各Dayの筆記試験・リスニングテストは採点・見直し学習アプリ「学びの友」対応。
解答をオンラインマークシートに入力するだけで簡単に採点ができます。

　本書を活用し，合格に向かってラストスパートをかけてください！　皆さんの英検準
2級合格を心より願っています。最後に，本書を刊行するにあたり，多大なご尽力をい
ただきました桐朋中学校・高等学校 秋山安弘先生に深く感謝の意を表します。

※本書の内容は，2024年2月時点の情報に基づいています。実際の試験とは異なる場合があります。受験の際は，英検ウェブサイト等
で最新情報をご確認ください。
※本書は旧版である5訂版の収録問題を，2024年度以降の試験形式に合わせて問題追加・再編集したものです。
※このコンテンツは，公益財団法人 日本英語検定協会の承認や推奨，その他の検討を受けたものではありません。

# Contents

**執筆**：秋山安弘（桐朋中学校・高等学校）

**編集協力**：株式会社シー・レップス，Daniel Joyce，入江泉，久島智津子，株式会社鷗来堂，Jason A. Chau

**デザイン**：相馬敬徳（Rafters）

**装丁イラスト**：根津あやぼ　　**本文イラスト**：有限会社アート・ワーク

**録音**：ユニバ合同会社　　**ナレーション**：Greg Dale，Julia Yermakov，大武芙由美

# 本書の使い方

本書を以下のような流れに沿って使うことで、7日間で対策をすることができます。

❶試験について知る
本冊p.5「英検準2級の試験形式と攻略法」をよく読んで内容を把握しましょう。

↓

──── Day 1〜7に7日間取り組む ────

❷学習する
冒頭の まとめ で合格に必要な知識を把握しましょう。
●付属の赤セルを使って、単語や表現を暗記しましょう。

→

❸問題を解く
模試 に挑戦しましょう。
●制限時間内に解きましょう。
●付属のマークシートもしくは自動採点サービス(詳しくはp.4)で解答しましょう。

↓

❹答え合わせをする
別冊の「解答と解説」で答え合わせをしましょう。
●どの技能も6割以上正解していれば、合格の可能性は高いでしょう。

# 音声について

本書の音声は、以下の2通りでご利用いただけます。

## 音声ファイルで再生

詳しくはp.4をご覧ください。収録箇所は 001 などで示しています。

## アプリ「英語の友」(iOS/Android)で再生

❶「英語の友」公式サイトより、アプリをインストール
（右の二次元コードから読み込めます）
https://eigonotomo.com/

英語の友  検索

❷ライブラリより本書を選び、「追加」ボタンをタップ

※本アプリの機能の一部は有料ですが、本書の音声は無料でお聞きいただけます。アプリの詳しいご利用方法は「英語の友」公式サイト、あるいはアプリ内のヘルプをご参照ください。
※本サービスは予告なく終了することがあります。

# Web特典について ※本サービスは予告なく終了することがあります。

## アクセス方法

❶以下のURLにアクセス（右の二次元コードから読み込めます）

　https://eiken.obunsha.co.jp/yosoudrill/

❷「準2級」を選択し，以下の利用コードを入力

　rcqyid ※すべて半角アルファベット小文字

## 特典内容

### 音声ファイルダウンロード

「音声データダウンロード」からファイルをダウンロードし，展開してからオーディオプレーヤーで再生してください。音声ファイルはzip形式にまとめられた形でダウンロードされます。展開後，デジタルオーディオプレーヤーなどで再生してください。

※音声の再生にはMP3を再生できる機器などが必要です。
※ご利用機器，音声再生ソフト等に関する技術的なご質問は，ハードメーカーまたはソフトメーカーにお願いいたします。

### スピーキングテスト対策

スピーキングテストの予想問題が体験できます。画面と音声の指示に従い，受験者になったつもりで音読したり，面接委員の質問に答えたりしましょう。問題はDay 7に収録されている面接問題で，Day 7の二次元コードを読み込むことでもアクセスできます。

# 自動採点サービスについて

本書収録の筆記試験・リスニングテストを，採点・見直し学習アプリ「学びの友」で簡単に自動採点することができます。（ライティングは自己採点です）

□ 便利な自動採点機能で学習結果がすぐにわかる

□ 学習履歴から間違えた問題を抽出して解き直しができる

□ 学習記録カレンダーで自分のがんばりを可視化

❶「学びの友」公式サイトへアクセス（右の二次元コードから読み込めます）

　https://manatomo.obunsha.co.jp  学びの友 検索

❷アプリを起動後，「旺文社まなびID」に会員登録（無料）

❸アプリ内のライブラリより本書を選び，「追加」ボタンをタップ

※iOS／Android端末，Webブラウザよりご利用いただけます。アプリの動作環境については「学びの友」公式サイトをご参照ください。なお，本アプリは無料でご利用いただけます。
※詳しいご利用方法は「学びの友」公式サイト，あるいはアプリ内ヘルプをご参照ください。
※本サービスは予告なく終了することがあります。

# 英検準2級の試験形式と攻略法

## 筆記試験（80分）

| *1* 短文の語句空所補充 | 目標時間9分 | 15問 |

短文または会話文中の空所に入る適切な語句を、4つの選択肢から1つ選ぶ問題です。出題内容は、単語（名詞、動詞、形容詞・副詞）、熟語です。15問中10問は単語、5問は熟語が出題される傾向にあります。

*(1)* Mrs. Brown worked so hard that she (　　　　) the report in a week.
    **1** connected　　**2** completed　　**3** occurred　　**4** closed

**攻略法**　空所部分の意味を前後の文脈から推測して解くのが基本的な解き方です。空所の後にカギとなるヒントがある場合も多いので、とりあえず問題文の最後まで目を通してから推測するようにしましょう。

　単語は関連語とあわせて学習すると効果的です。1語だけで覚えるのではなく、その名詞形・形容詞形・動詞形や反対語あるいは類義語などをまとめて1つのネットワークとして覚えるようにすると単語力の幅が広がります。熟語では、特に動詞や形容詞と結びつく前置詞を意識しましょう。また、重要な表現は状況を想像しながら、実際に声に出して練習してみましょう。

| *2* 会話文の文空所補充 | 目標時間8分 | 5問 |

AとBの2人の会話文の空所に入る適切な語句や文を、4つの選択肢から1つ選ぶ問題です。A-B-A-Bの2往復の会話が3つ、A-B-A-B-A-B-A-Bの4往復の会話が1つ出題されます。

*(16)* *A:* Would you like some more cookies, Terry?
    *B:* No, thank you. (　*16*　).
    *A:* Really? I thought you would eat a little more.
    *B:* Sorry. I've decided to go on a diet recently.
    **1** I have to leave now
    **2** I've had enough
    **3** They are too sweet for me
    **4** I'll order a new one

その会話がどんな状況でのものかを推測して話の流れを捉えることが重要です。まず空所部分を頭に置きながら全体を読み通し，空所に入る内容を予測しながら文脈に合う選択肢を選ぶのが基本的な解き方です。多くの場合，解答のカギとなる部分は空所の後に出てくることが多いことも覚えておきましょう。

　会話の状況をつかむには，まず買い物や道案内や電話などの各場面で使われる定型表現と，会話をしている2人の関係に着目することです。その上で，話題の中心は何かをつかんでいきます。また，選択肢を選ぶとき，会話中に出てくる指示表現（it, this, thatなど）が解答の手がかりになることもあるので注意しましょう。

---

| ## *3*　長文の語句空所補充 | 目標時間**8分** | **2**問 |
| --- | --- | --- |

長文の空所に入る適切な語句を，4つの選択肢から1つ選ぶ問題です。出題される長文は150語程度で2段落です。

---

### A Cute Bag

　Sayaka loves cute items. Two weeks ago, she went downtown to do some shopping. She went into a small shop and found a very cute bag there. According to the shop owner, it was a handmade bag imported from France, and there was only one left at the store. She liked the bag very much, but it ( 　*21*　 ), so she couldn't buy it. A few days later when she visited the shop again, the bag had already been sold to someone else. She was a little disappointed.

*(21)* 
1 was not her taste
2 was not for sale
3 was expensive for her
4 was quite reasonable

---

空所を含む文とその前後の文との関係から，空所に入れるのに適切な選択肢を選ぶのが基本的な解き方です。文章の流れを捉え，意味が一番自然に通る選択肢を選びます。空所を含む部分の内容がその前後で言い換えられている場合が多いことも覚えておきましょう。

　なお，文脈の理解には，however「しかしながら」，also「さらに」，as a result「その結果」，for example「例えば」，even so「それでも」などの接続表現の働きが特に重要です。

---

| ## *4*　長文の内容一致選択 | 目標時間**20分** | **7**問 |
| --- | --- | --- |

長文の内容に関する質問について適切な答えを4つの選択肢から1つ選ぶ問題です。出題される長文は［A］Eメール（200語程度で3段落），［B］社会的・科学的な記事（300語程度で4段落）の2つです。

From: John Anderson <johnand@amelion.or.ca>
To: Masao Kato <kato-m@g2.liud.or.jp>
Date: July 3
Subject: Welcome

---

Dear Masao,
I'm very happy to hear that you're coming here to study at Hudson University
beginning this autumn. My major is economics, but I think I'll be able to get a
lot of information about the psychology program for you. I hear that there are
some excellent professors in the department, but that they require hard work
of their students. I believe that's not a problem for you, though.

*(23)* Masao is planning to
**1** study hard to become a professor.
**2** major in both psychology and economics.
**3** study at Hudson University.
**4** work for the department of psychology.

攻略法 文章を読んだら，質問を読み，まずその質問で用いられている語句から問われ
ている部分を特定して，その前後の文をていねいに読みます。解答の根拠となる部分は
必ず本文中にあるので，その内容と一致する選択肢を選びます。ただし，本文中の表現
が選択肢では別の表現で言い換えられていることもあるので注意しましょう。[A]が3
段落構成で問題が3問，[B]が4段落構成で問題が4問なので，第1段落を読んだら1問
目，第2段落を読んだら2問目，というように，段落ごとに解答していくと解きやすい
かもしれません。英語の文章は「1段落につき1つの論点」というルールで書かれてい
ます。全体の大きな流れを捉えるためには，各段落の論点をつかみながら読むと効果的
です。

# 5 英作文（Eメール問題） | 目標時間15分 | 1問

知り合いからのEメールを読んで，下線が引かれている語句の特徴を問う質問2つと知
り合いからの質問に対する回答を含む返信メールを40語〜50語の英文で書く問題です。

● あなたは，外国人の知り合い（Jake）から，Eメールで質問を受け取りました。この質問に
わかりやすく答える返信メールを，☐に英文で書きなさい。
● あなたが書く返信メールの中で，JakeのEメール文中の下線部について，あなたがより理解
を深めるために，下線部の特徴を問う具体的な質問を2つしなさい。
● あなたが書く返信メールの中で☐に書く英文の語数の目安は40語〜50語です。
● 解答は，解答用紙の裏面にあるEメール解答欄に書きなさい。なお，解答欄の外に書かれた
ものは採点されません。
● 解答がJakeのEメールに対応していないと判断された場合は，0点と採点されることがあり
ます。JakeのEメールの内容をよく読んでから答えてください。
● ☐の下のBest wishes, の後にあなたの名前を書く必要はありません。

Hi!

Guess what! My parents gave me a camera for my birthday last week. I was
very happy because I'd never owned a camera before. I take photos with it
every day. I'll take a picture of you next time I see you. Taking photos
is great fun, but my camera has too many functions. I don't know how to
use them all. Do you think cameras will become more popular in the
future?

Your friend,
Jake

Hi, Jake!

Thank you for your e-mail.

解答欄に記入しなさい。

Best wishes,

---

攻略法 この問題は英作文として分類されていますが，英文を正確に読む読解力も必要です。まず，与えられたEメールを正確に読み取りましょう。読む際には，下線が引かれている語句についてどんな説明がなされているのかと，あなたに向けられた質問は何であるかに注意します。解答の基本的な構成としては，「Eメールに対するリアクション」→「下線部に関する質問2つ」→「尋ねられた質問に対する回答」という流れが考えられます。疑問文を適切な文法と語彙を用いて正確に書くことと，質問に対する回答として自分の意見を述べた後でその理由や具体例などを簡潔に述べることの練習をしておくとよいでしょう。

---

## 6 英作文（意見論述問題） | 目標時間20分 | 1問

身近な話題に関するQUESTIONについて，自分の考えとその理由2つを50語〜60語の英文で書く問題です。

- あなたは，外国人の知り合いから以下の**QUESTION**をされました。
- **QUESTION**について，あなたの意見とその理由を2つ英文で書きなさい。
- 語数の目安は50語〜60語です。
- 解答は，解答用紙の裏面にある英作文解答欄に書きなさい。なお，解答欄の外に書かれたものは採点されません。
- 解答が**QUESTION**に対応していないと判断された場合は，0点と採点されることがあります。**QUESTION**をよく読んでから答えてください。

**QUESTION**
*Do you think students should clean their school by themselves?*

攻略法 解答の基本的な構成は，「意見」→「理由2つ」→「まとめ」です。理由は1つに対して1文ではなく，2文くらいに膨らませると書きやすいでしょう。また，その理由が自分の選んだ立場に対する理由にきちんとなっていることを確認することも大切です。ある問題に対して賛成・反対と立場を明確にし，その理由を述べるという練習をしておきましょう。また，そのときに使える定型表現も覚えておくと便利です。

# リスニングテスト（約**25**分）

| 第**1**部 会話の応答文選択 | 放送回数**1**回 | **10**問 |
|---|---|---|

会話を聞き，最後の発話に対する応答として最もふさわしいものを**3**つの選択肢から**1**つ選ぶ問題です。選択肢は問題冊子には印刷されていません。

> ☆ : Jim, let's go to the Italian restaurant for lunch. I'm hungry.
> ★ : I'm not ready. Give me five minutes.
> ☆ : Can I go ahead and order?
> **1** Yes, Thai food sounds good.
> **2** OK, I'll catch up with you.
> **3** Oh, I'm not sure he will like that.

攻略法 　会話冒頭から話者同士の関係や会話の状況をつかみ，最後の発話を特に注意して聞きます。選択肢は問題冊子に印刷されておらず，すべて読み上げられます。自分が実際に会話しているような気持ちで，疑問文や相手の発言に対してどう答えるか考えてみましょう。過去問などを利用して，選択肢が読み上げられる前に自分で応答を予測する練習も効果的です。

| 第**2**部 会話の内容一致選択 | 放送回数**1**回 | **10**問 |
|---|---|---|

**2**人の会話とその内容に関する質問を聞いて，質問の答えとして適切なものを**4**つの選択肢から**1**つ選ぶ問題です。選択肢は問題冊子に印刷されています。

> *No. 11*
> **1** She does not like to fly.
> **2** She does not sleep well on airplanes.
> **3** She has nothing to read during the flight.
> **4** She cannot sleep well after the flight.
>
> ☆ : I'm going on my first overseas business trip next week. Any advice?
> ★ : Try to get some sleep on the plane. You'll be super busy after you arrive.
> ☆ : I was a little worried about that. I usually can't sleep on a flight.
> ★ : Take some earplugs and an eye mask.
> **Question:** Why is the woman worried about the flight?

攻略法 　第**1**部同様，会話冒頭から**2**人の話者の関係と会話の状況をつかみます。会話は「疑問文→応答」という流れで進むことが多いので，質問とその応答をきちんとつかみながら聞いていくようにするとよいでしょう。道案内，店での会話，レストランの予約，電話での会話など，状況ごとによく用いられる定型表現があります。それぞれの典型的な会話例を学習しておきましょう。

英文とその内容に関する質問を聞いて，質問の答えとして適切なものを4つの選択肢から1つ選ぶ問題です。選択肢は問題冊子に印刷されています。

*No. 21*　　**1** She talks to the coach.
　　　　　　**2** She encourages them to help her.
　　　　　　**3** She hears them out when they have issues.
　　　　　　**4** She plays harder than anyone.

> Kara is the captain of her high school basketball team. In addition to the usual responsibilities of a team member, Kara must also be a leader to her teammates. She encourages them to practice and play harder and listens to them when they have any problems or concerns. She often has a long talk with them after practice.
> **Question:** What does Kara do when her teammates need help?

攻略法 　文章が読まれるとき，誰が，いつ，どこで，何をしたのかを整理するつもりで聞いていきましょう。また，放送の前に4つの選択肢にさっと目を通し，トピックや質問を大まかにでも予測しておくと，聞き取るべきポイントがはっきりします。

# 面接（スピーキングテスト）（約**6**分）

英文（パッセージ）と2つのイラストの描かれたカードが渡され，20秒の黙読の後，英文の音読をするよう指示されます。それから，5つの質問をされます。

| 問題 | 形式・課題詳細 |
| --- | --- |
| 音読 | 50語程度のパッセージを読む。 |
| No.1 | 音読したパッセージの内容についての質問に答える。 |
| No.2／3 | イラスト中の人物の行動や状況を説明する。 |
| No.4 | カードのトピックに関連した内容についての質問に答える。 |
| No.5 | 日常生活の身近な事柄についての質問に答える。<br>（カードのトピックに直接関連しない内容も含む） |

攻略法 　音読では，イントネーションや意味の区切りに注意しましょう。No.1は，質問に関係のない部分まで答えてしまわないように気をつけましょう。No.2では，イラストに描かれている5つの動作を現在進行形で説明します。be動詞や必要な前置詞の抜けに気をつけましょう。No.3は，イラスト中の人物の状況説明です。説明すべきポイントが2点あります。No.4，5は受験者自身に関する質問です。自分が使える英語でていねいに説明するように心がけましょう。アイコンタクトや声の大きさなども大切です。

# MEMO

# Day 1

# 頻出英単熟語をマスターしよう！

短文の空所補充問題ではもちろん，長文読解問題においても，
単語と熟語の知識は大きな力になります。
ここでは，重要な頻出単熟語を一気にマスターしましょう！

## 1 動詞

| | | | | |
|---|---|---|---|---|
| ☐ accept | ～を受け入れる | ☐ improve | ～を改善する，向上する |
| ☐ access | ～に近づく，～にアクセスする | ☐ include | ～を含む |
| ☐ agree | 賛成する | ☐ increase | 増える |
| ☐ allow | ～を許す | ☐ memorize | ～を暗記する |
| ☐ attend | ～に出席する | ☐ order | ～を命令する，～を注文する |
| ☐ cause | ～を引き起こす | ☐ practice | ～を練習する |
| ☐ consider | ～をよく考える | ☐ prepare | ～を準備する |
| ☐ create | ～を創造する | ☐ prevent | ～を妨げる |
| ☐ decide | ～を決心する | ☐ produce | ～を生産する |
| ☐ decorate | ～を飾る | ☐ protect | ～を保護する |
| ☐ decrease | 減る | ☐ publish | ～を出版する |
| ☐ develop | ～を発展させる，発展する | ☐ recommend | ～を推薦する |
| ☐ express | ～を表現する | ☐ reduce | ～を減らす |
| ☐ graduate | 卒業する | ☐ reserve | ～を予約する，～を取っておく |
| ☐ hide | ～を隠す | ☐ save | ～を救う，～を節約する |

## 2 名詞

| | | | | |
|---|---|---|---|---|
| ☐ advantage | 利益，利点 | ☐ environment | 環境 |
| ☐ amount | 量 | ☐ event | 行事，出来事 |
| ☐ argument | 議論，口論 | ☐ garbage | 生ごみ |
| ☐ customer | 顧客 | ☐ material | 材料，題材 |
| ☐ direction | 方向，指図 | ☐ method | 方法 |
| ☐ disaster | 災害 | ☐ patient | 患者 |
| ☐ effect | 効果，影響 | ☐ quality | 質 |
| ☐ effort | 努力 | ☐ waste | 浪費，廃棄物 |

## 3 形容詞・副詞

| | | |
|---|---|---|
| ☐ active | 活動的な |
| ☐ annual | 年 1 回の，例年の |
| ☐ apparently | 外見上，明らかに |
| ☐ average | 平均の |
| ☐ certainly | 確かに |
| ☐ common | 普通の，共通の |
| ☐ concrete | 具体的な |
| ☐ equal | 平等の |
| ☐ especially | 特に |

| | | |
|---|---|---|
| ☐ finally | 最終的に |
| ☐ gradually | 徐々に |
| ☐ ideal | 理想的な |
| ☐ local | 地方の，地元の |
| ☐ nowadays | 今日では |
| ☐ ordinary | 平凡な，通常の |
| ☐ probably | たぶん |
| ☐ similar | 類似した |
| ☐ whole | 全体の |

## 4 熟語

| | |
|---|---|
| ☐ according to | ～によれば |
| ☐ after all (＝ in the end) | 結局（は） |
| ☐ appeal to | ～に訴える，～の心に訴える |
| ☐ at the most | 多くとも |
| ☐ be aware [conscious]of | ～に気づいている |
| ☐ be certain[sure] to *do* | 必ず～する |
| ☐ be responsible for | ～に対して責任がある，～の原因である |
| ☐ be used [accustomed]to *doing* | ～するのに慣れている |
| ☐ be willing to *do* | 進んで～する |
| ☐ break down | （車・機械が）故障する |
| ☐ by accident [chance] | 偶然に |
| ☐ call off (＝ cancel) | ～を中止する |
| ☐ carry out | ～を実行する |
| ☐ feel like *doing* | ～したい気がする |
| ☐ from now on | 今後は |
| ☐ get along with | ～とうまくやっていく |

| | |
|---|---|
| ☐ get away from | ～から逃げる，～を避ける |
| ☐ get over (＝ overcome) | ～を克服する，（病気など）が治る |
| ☐ in advance (＝ beforehand) | あらかじめ，前もって |
| ☐ in charge of | ～を担当して，～の責任者で |
| ☐ in spite of (＝ despite) | ～にもかかわらず |
| ☐ instead of (＝ in place of) | ～の代わりに |
| ☐ make use of (＝ utilize) | ～を利用する |
| ☐ play a part[role] in | ～で役割を果たす |
| ☐ put off (＝ postpone) | ～を延期する |
| ☐ put up with (＝ bear) | ～を我慢する |
| ☐ run out of | ～を使い果たす |
| ☐ run short of | ～が不足する |
| ☐ so far | これまでのところ |
| ☐ sooner or later | 遅かれ早かれ |
| ☐ take part in (＝ participate) | ～に参加する |
| ☐ throw away | ～を捨てる |

Day 1
Day 2
Day 3
Day 4
Day 5
Day 6
Day 7

# 筆記試験&リスニングテスト

**1** 次の *(1)* から *(15)* までの（　　　）に入れるのに最も適切なものを **1**，**2**，**3**，**4** の中から一つ選び，その番号を解答用紙の所定欄にマークしなさい。

---

*(1)* Mrs. Brown worked so hard that she (　　　) the report in a week.
 **1** connected   **2** completed   **3** occurred   **4** closed

*(2)* Kelly wanted to sell her car, so she took it to a car dealer to find out its (　　　).
 **1** range    **2** appointment  **3** view    **4** value

*(3)* **A:** Jimmy, which wine shall we order with our meal?
 **B:** I don't have any special (　　　). You decide.
 **1** confidence  **2** sense    **3** insurance   **4** preference

*(4)* **A:** How was the baseball game, Jeff?
 **B:** We won by a score of 5-2. So we had a big party to celebrate our (　　　).
 **1** process   **2** victory   **3** practice   **4** memory

*(5)* **A:** Do we have to (　　　) a room?
 **B:** No, you can have separate rooms.
 **1** order    **2** occupy   **3** share    **4** correct

*(6)* **A:** The weather report said it will clear up in the afternoon, so we can play tennis.
 **B:** Oh, good. But if it continues to rain, let's go see the movie (　　　).
 **1** suddenly  **2** quickly   **3** back    **4** instead

*(7)* **A:** I wonder when I'll be able to visit you.
 **B:** Please come and see me when it is (　　　) for you.
 **1** helpful   **2** convenient  **3** polite    **4** generous

14

Day 1
Day 2
Day 3
Day 4
Day 5
Day 6
Day 7

(8)  *A:* I'm sorry to (        ) you, but could you explain again how to use this machine?

*B:* Certainly, sir. But please give me a moment to finish this first.

**1** bother　　　**2** miss　　　**3** catch　　　**4** gather

(9)  *A:* Hi, Jane! Would you like to play tennis this afternoon?

*B:* I'd love to, but I have an (        ) with the dentist.

**1** approach　　**2** appointment　**3** explanation　**4** illness

(10)  *A:* If you buy two pairs of socks, you get a 20 percent discount.

*B:* Oh, that's good, so I can (        ) some money.

**1** control　　　**2** save　　　**3** hide　　　**4** support

(11)  Jill is planning to plant some flowers in her garden tomorrow, but it (        ) on the weather.

**1** occurs　　　**2** depends　　**3** decides　　**4** looks

(12)  Computers have brought (        ) many changes in our society. Many people say we are no longer able to live a day without them.

**1** up　　　　**2** into　　　**3** about　　　**4** along

(13)  (        ) the newspaper, there was a big earthquake in Mexico yesterday.

**1** Up to　　　**2** Thanks to　**3** According to　**4** Such as

(14)  *A:* Susie, why were you late?

*B:* Well, I was (        ) to leave my house when my aunt suddenly stopped by.

**1** open　　　　**2** afraid　　　**3** sorry　　　**4** about

(15)  The results from the study showed that students often (        ) a nap in the afternoon.

**1** fall　　　　**2** take　　　**3** drive　　　**4** give

次の四つの会話文を完成させるために, *(16)* から *(20)* に入るものとして最も適切なものを **1**, **2**, **3**, **4** の中から一つ選び, その番号を解答用紙の所定欄にマークしなさい。

---

*(16)* **A:** Would you like some more cookies, Terry?

**B:** No, thank you. (　**16**　).

**A:** Really? I thought you would eat a little more.

**B:** Sorry. I've decided to go on a diet recently.

**1** I have to leave now

**2** I've had enough

**3** They are too sweet for me

**4** I'll order a new one


*(17)* **A:** What shall we do for dinner tonight?

**B:** How about trying that new Italian restaurant?

**A:** Hmm, I (　**17**　).

**B:** Again? You always want Chinese noodles!

**1** am not hungry at all

**2** heard that the restaurant is good

**3** would rather have Chinese food

**4** really want to eat spaghetti


*(18)* **A:** What can I do for you?

**B:** I'm looking for a copy of the latest book by Joshua Evans.

**A:** Oh, I'm afraid (　**18**　).

**B:** I see. I'll try somewhere else, then.

**1** we sold our last copy just a little while ago

**2** we sent it to you three days ago

**3** your copy has not been printed yet

**4** he has not finished writing the book

*A:* What is the best way to go to the airport?

*B:* By subway, if you want to save time.

*A:* ( *19* )?

*B:* That depends on the traffic.

*A:* Do you think that ( *20* )?

*B:* Let's see. It's almost noon, so it's not that bad.

*A:* Well, I have three heavy bags.

*B:* Then it's better to go by taxi.

(19)  **1** How often do I have to change trains
     **2** How many bus stops are there
     **3** How much does it cost
     **4** How long will it take by taxi

(20)  **1** the traffic is heavy now
     **2** it will be cheaper to go by subway
     **3** the airport is far away
     **4** you could take me there

次の英文を読み，その文意にそって *(21)* と *(22)* の（　　）に入れるのに最も適切なものを **1**，**2**，**3**，**4** の中から一つ選び，その番号を解答用紙の所定欄にマークしなさい。

# A Cute Bag

Sayaka loves cute items. Two weeks ago, she went downtown to do some shopping. She went into a small shop and found a very cute bag there. According to the shop owner, it was a handmade bag imported from France, and there was only one left at the store. She liked the bag very much, but it (　*21*　), so she couldn't buy it. A few days later when she visited the shop again, the bag had already been sold to someone else. She was a little disappointed.

One day later, Sayaka's grandparents called her to invite her to their house. It was Sayaka's birthday, so they baked a birthday cake and gave her a present. When she opened it, she (　*22*　). It was the very bag she had really wanted. They knew Sayaka loved cute things and thought she would like it. Sayaka was very happy.

*(21)*　**1** was not her taste　　**2** was not for sale
　　　**3** was expensive for her　**4** was quite reasonable

*(22)*　**1** got very embarrassed　**2** was very surprised
　　　**3** became hungry　　　**4** changed her mind

# MEMO

筆記試験&リスニングテスト

Day
1

Day
2

Day
3

Day
4

Day
5

Day
6

Day
7

次の英文 $\boxed{A}$, $\boxed{B}$ の内容に関して，*(23)* から *(29)* までの質問に対して最も適切なもの，または文を完成させるのに最も適切なものを **1**, **2**, **3**, **4** の中から一つ選び，その番号を解答用紙の所定欄にマークしなさい。

---

From: John Anderson <johnand@amelion.or.ca>
To: Masao Kato <kato-m@g2.liud.or.jp>
Date: July 3
Subject: Welcome

-------------------------------------------------------------------------

Dear Masao,

I'm very happy to hear that you're coming here to study at Hudson University beginning this autumn. My major is economics, but I think I'll be able to get a lot of information about the psychology program for you. I hear that there are some excellent professors in the department, but that they require hard work of their students. I believe that's not a problem for you, though.

You said that you're thinking about renting an apartment near the university. If you don't mind sharing a room with somebody, I can introduce a good roommate, Mike, who is also planning to rent an apartment near here. He is majoring in computer science, and is one of my best friends. He belongs to a basketball club.

The other day, I met Nancy at a Japanese restaurant downtown. We hadn't seen each other since we came back from Japan. She was also very glad to hear that you will come here in September. We agreed to have a big welcome party for you on your arrival. Please let me know what you would like to eat first in America.

Best wishes,
John

(23) Masao is planning to
  **1** study hard to become a professor.
  **2** major in both psychology and economics.
  **3** study at Hudson University.
  **4** work for the department of psychology.

(24) What does John suggest Masao do?
  **1** Major in computer science with Mike.
  **2** Go and watch a basketball game.
  **3** Choose an apartment far from the school.
  **4** Share an apartment with one of his friends.

(25) John and Nancy are planning to
  **1** have a party for Masao.
  **2** go back to Japan with Masao.
  **3** have dinner at a Japanese restaurant.
  **4** find an apartment for Masao.

Day 1
Day 2
Day 3
Day 4
Day 5
Day 6
Day 7

# The Miso Boom

The scientist Ikeda Kikunae was the first person to discover "umami" in 1908, but it only became widely known in English late in the last century. The easiest way to understand the meaning of the flavor is by eating miso. Miso is believed to have come from ancient China. The word "miso" was first seen in a history book from the Heian period. Back then, miso was a luxury food in Japan: it was given as a gift and as a salary for high-ranking workers.

Later, miso became more of a general food, and in the Kamakura period, miso soup was invented. In various countries, people can enjoy miso soup in Japanese restaurants. Miso has been sold in Asian supermarkets internationally for a long time. Since around 2014, however, chefs in many countries have been mixing miso with foods from their own cultures.

In the UK, some restaurants put miso with caramel or cream to make rich sauces for classic British cakes and puddings. It is also popular as an ice cream topping, a popcorn flavor and as part of a smoothie drink. In France, miso can be found in salad dressing and is now a new flavor in meat and fish dishes. Some Americans enjoy baking miso bread, and there are several countries where miso is eaten instead of butter on toast at breakfast time.

Now, many countries are producing their own miso. In the U.S., some miso is made with peas. And in Holland, a healthy kind of bean is used. The Meru Miso company in Australia was started by just two people, but is now a major company, and they sell their miso to top restaurants around the country. A popular recipe book has been published, and it has shown regular people how to use miso in their own kitchens. Thanks to this book, more and more miso is sold each year around the world.

*(26)* It is said that miso

    **1** was first eaten by the scientist Ikeda Kikunae.

    **2** did not originally come from Japan.

    **3** is a widely known gift around the world.

    **4** is given to workers in high positions in China.


*(27)* What have cooks overseas been doing since 2014?

    **1** Opening restaurants in Japan.

    **2** Introducing people to miso soup.

    **3** Adding miso to their own national dishes.

    **4** Selling miso in Asian supermarkets in their countries.


*(28)* In certain parts of the world, miso is

    **1** one of the most popular flavors of ice cream.

    **2** served on the side instead of salad dressing.

    **3** spread on toasted bread in the morning.

    **4** used to prevent meat and fish from burning.


*(29)* Why are miso sales rising every year?

    **1** People are learning how to cook with it at home.

    **2** A healthier type of miso is produced in the U.S.

    **3** More people in Australia are starting businesses.

    **4** A book has been published that explains how to make miso.

Day 1
Day 2
Day 3
Day 4
Day 5
Day 6
Day 7

# 5 ライティング （E メール）

●あなたは，外国人の知り合い（Jake）から，Eメールで質問を受け取りました。この質問に
わかりやすく答える返信メールを，____に英文で書きなさい。

●あなたが書く返信メールの中で，JakeのEメール文中の下線部について，あなたがより理解
を深めるために，下線部の特徴を問う具体的な質問を2つしなさい。

●あなたが書く返信メールの中で____に書く英文の語数の目安は40語～50語です。

●解答は，解答用紙の裏面にあるEメール解答欄に書きなさい。なお，解答欄の外に書かれた
ものは採点されません。

●解答がJakeのEメールに対応していないと判断された場合は，0点と採点されることがあり
ます。JakeのEメールの内容をよく読んでから答えてください。

●____の下のBest wishes, の後にあなたの名前を書く必要はありません。

---

Hi!

Guess what! My parents gave me a camera for my birthday last week. I was
very happy because I'd never owned a camera before. I take photos with it
every day. I'll take a picture of you the next time I see you. Taking photos
is great fun, but my camera has too many functions. I don't know how to
use them all. Do you think cameras will become more popular in the
future?

Your friend,
Jake

---

Hi, Jake!

Thank you for your e-mail.

解答欄に記入しなさい。

Best wishes,

---

# 6 ライティング（英作文）

● あなたは，外国人の知り合いから以下の**QUESTION**をされました。

● **QUESTION**について，あなたの意見とその理由を2つ英文で書きなさい。

● 語数の目安は50語〜60語です。

● 解答は，解答用紙の裏面にある英作文解答欄に書きなさい。なお，解答欄の外に書かれたものは採点されません。

● 解答が**QUESTION**に対応していないと判断された場合は，0点と採点されることがあります。**QUESTION**をよく読んでから答えてください。

**QUESTION**
*Do you think students should clean their school by themselves?*

Day 1
Day 2
Day 3
Day 4
Day 5
Day 6
Day 7

# Listening Test

| 第*1*部 | 🔊 001~011 |
|---|---|

*No. 1 ～ No. 10*（選択肢はすべて放送されます。）

| 第*2*部 | 🔊 012~022 |
|---|---|

| *No. 11* | **1** She does not like to fly. |
|---|---|
| | **2** She does not sleep well on airplanes. |
| | **3** She has nothing to read during the flight. |
| | **4** She cannot sleep well after the flight. |

| *No. 12* | **1** Make photocopies of documents. |
|---|---|
| | **2** Pick up the kids with Rachel. |
| | **3** Put some files on his boss's desk. |
| | **4** Email the woman some documents. |

| *No. 13* | **1** She doesn't like classical concerts. |
|---|---|
| | **2** She has to go to another concert. |
| | **3** She has to go to class. |
| | **4** She has to study at home. |

*No. 14*
1 Whether to buy a pet rabbit.
2 Who is driving.
3 Where to go for dinner.
4 When to leave the house.

*No. 15*
1 Decide which college he wants to attend.
2 Tell the schools about his visit.
3 Talk to his teachers.
4 Complete his college applications.

*No. 16*
1 She is going to be late.
2 She needs directions to the clinic.
3 She has a question for the doctor.
4 She wants to change her appointment.

*No. 17*
1 He tried to use it.
2 He tried to give it back to its owner.
3 He left it where he found it.
4 He put it in his pocket.

*No. 18*
1 The trains have stopped running.
2 She does not like riding the train.
3 She can get to the restaurant faster.
4 The city is not safe at night.

*No. 19*
1 Book a room.
2 Visit the clock tower.
3 Find the hotel.
4 Go to the city hall.

*No. 20*
1 The woman shut her eyes.
2 The man pressed the wrong button.
3 The camera ran out of batteries.
4 Someone walked in front of the camera.

Day 1
Day 2
Day 3
Day 4
Day 5
Day 6
Day 7

*No. 21*
  **1** She talks to the coach.
  **2** She encourages them to help her.
  **3** She hears them out when they have issues.
  **4** She plays harder than anyone.

*No. 22*
  **1** It is only eaten in Scotland.
  **2** It is only eaten on holidays.
  **3** It is eaten along with other foods.
  **4** It is not very popular.

*No. 23*
  **1** He mostly plays jazz music.
  **2** He has played many concerts abroad.
  **3** He has been playing the piano since a young age.
  **4** He only practices on Saturdays and Sundays.

*No. 24*
  **1** They can ask a clerk.
  **2** Sale items are marked with a sticker.
  **3** Everything is on sale until Sunday.
  **4** Sale items are near the entrance.

*No. 25*
  **1** Ms. Simmons will receive an award.
  **2** Ms. Simmons will move to another school.
  **3** Ms. Simmons will no longer teach.
  **4** Ms. Simmons will prepare to teach five classes.

*No. 26*
  **1** People can see fireworks every night.
  **2** People can get cheaper tickets now.
  **3** People should bring their own food.
  **4** People should carry their ID cards.

*No. 27*
  **1** He worked in a game company.
  **2** He went to Japanese school.
  **3** He met his friends in Tokyo.
  **4** He played with his host brother.

| No. 28 | **1** One character builds some windmills. |
|---|---|
| | **2** One character mistakes windmills as giants. |
| | **3** One character travels to find a hero. |
| | **4** One character saves 500 million people. |

| No. 29 | **1** His grandfather taught him about it. |
|---|---|
| | **2** He learned about it while visiting Tanzania. |
| | **3** He took a class about it in school. |
| | **4** He wanted something to do on the weekends. |

| No. 30 | **1** Help the teachers with their jobs. |
|---|---|
| | **2** Make a speech every day. |
| | **3** Be involved with the school dance. |
| | **4** Teach students how to dance. |

筆記試験&リスニングテスト

Day
1
Day
2
Day
3
Day
4
Day
5
Day
6
Day
7

# Day 2

# 重要文法事項をマスターしよう！

準2級の長文読解やリスニングで正確に英文を理解するためにも，
重要文法事項をマスターしておくことが正解への近道となります！

## 1 動詞の目的語としての不定詞と動名詞

　不定詞の名詞的用法と動名詞はいずれも「～すること」という意味ですが，動詞によっては目的語にそのどちらかしかとらないものがあります。次の表で確認しましょう。

| to不定詞のみを目的語にとる動詞 | decide「～を決心する」, expect「～を期待する」, hope「～を希望する」, promise「～を約束する」, want「～したい」, wish「～を願う」 |
|---|---|
| 動名詞のみを目的語にとる動詞 | avoid「～を避ける」, enjoy「～を楽しむ」, finish「～を終える」, give up「～をやめる」, mind「～を気にする」, stop「～をやめる」 |

The student **promised to finish** his homework by the end of the week.
「その学生は週の終わりまでに宿題を終えると約束した」
I asked him to **stop smoking**, but he wouldn't listen.
「私は彼にタバコを吸うのをやめるように頼んだが，彼は聞く耳をもたなかった」

　また，目的語が不定詞の場合と動名詞の場合で意味の異なる動詞もあります。(forget / regret / remember / try)
Don't **forget to lock** the door when you leave home.　【forget to *do*　～するのを忘れる】
「家を出るときにドアに鍵をかけるのを忘れないでください」
I'll never **forget working** on this project with you.　【forget *doing*　～したことを忘れる】
「あなたと一緒にこのプロジェクトに取り組んだことを決して忘れません」

## 2 分詞構文

　分詞構文は，接続詞を用いずに「～しながら〈付帯状況〉」，「～のとき〈時〉」，「～なので〈理由〉」，「～だが〈譲歩〉」，「～ならば〈条件〉」などを表します。
**Hearing** the news, he turned pale. （＝ When he heard the news, he turned pale.）
「その知らせを聞いて，彼は青ざめた」〈理由〉

　また，〈with＋目的語＋分詞〉は「～しながら〈付帯状況〉」という意味を表します。
The woman told the story of her whole life **with tears running**.
「その女性は涙を流しながら自分の生涯の話を語った」〈付帯状況〉

## 3 関係代名詞・関係副詞

　関係代名詞を用いて名詞（先行詞）を後ろから修飾することができます。どの関係代名詞を使うかは，先行詞（人か，人以外か）と関係代名詞節の中での先行詞の働き（主格，目的格，所有格）で決まります。

I know a boy **whose** father is a singer.（先行詞…人，所有格の関係代名詞）
「お父さんが歌手をしている少年を知っている」

　what は先行詞を含んだ関係代名詞で「～する［である］もの［こと］」の意味になります。
**What** he said is completely true.「彼が言ったことは全部本当だ」

　関係副詞も先行詞を後ろから修飾することができます。関係副詞には4つあり，先行詞の種類によって次の表のように使い分けられます。

| 先行詞の種類 | 関係副詞 |
|---|---|
| 時を表す名詞（the time [day] など） | when |
| 場所を表す名詞（the place [town / country] など） | where |
| 方法を表す the way ※ | how |
| 理由を表す the reason | why |

※the way how という表現はなく，the way か how のどちらかを使う

This is the place **where** we met for the first time.
「ここが私たちが初めて出会った場所です」

　なお，関係代名詞・関係副詞には制限用法（コンマのない用法）と非制限用法（コンマのある用法）があり，次のような意味の違いがあります。
Carol has a son **who** became a doctor.　【制限用法】
「キャロルには医者になった息子が1人いる」（医者になった息子の他にも息子がいるかもしれない）
Carol has a son**, who** became a doctor.　【非制限用法】
「キャロルには息子が1人いて，彼は医者になった」（息子の数は1人である）

Day 1
Day 2
Day 3
Day 4
Day 5
Day 6
Day 7

## 4 仮定法

　「もし～なら…だろうになあ」などと事実と異なることを仮定したり，願望を述べたりするときには仮定法が用いられます。仮定法には仮定法過去と仮定法過去完了があります。
**If I were** you, **I wouldn't accept** his offer.　【仮定法過去】
「もし私があなたなら，彼の提案は受け入れないわ」
**If Nick had been** with us then, **he would have helped** us a lot.　【仮定法過去完了】
「もしそのときニックがいてくれたら，私たちの大きな助けになってくれただろうに」

　また，I wish や If only の後に仮定法の文を続けて「～ならなあ」という願望を表します。
**I wish I had studied** harder in my school days!　【仮定法過去完了】
「学生時代にもっと勉強していたらなあ！」

# 筆記試験

試験時間 筆記**80**分

**1**　次の (1) から (15) までの（　　　）に入れるのに最も適切なものを **1**，**2**，**3**，**4** の中から一つ選び，その番号を解答用紙の所定欄にマークしなさい。

---

(1)　Emmy and Mike decided to (　　　) a pizza instead of ordering one each, because they weren't very hungry.

**1** gather　　　**2** afford　　　**3** share　　　**4** decorate

(2)　*A:* Hey, look at how small this new computer is!
　　*B:* Yes, I've never seen anything like this before. I wonder if it really (　　　)!

**1** works　　　**2** takes　　　**3** moves　　　**4** stands

(3)　On a clear day, the island is (　　　) from over 100 miles away.

**1** definite　　　**2** possible　　　**3** remote　　　**4** visible

(4)　*A:* How (　　　) will the game begin? I'd like to get something to drink.
　　*B:* Well, if my watch is right, it should start in 10 minutes.

**1** soon　　　**2** fast　　　**3** long　　　**4** about

(5)　Eriko visited Nagasaki this summer. The (　　　) of the trip was to visit her father's hometown and learn more about her ancestors.

**1** process　　　**2** flight　　　**3** action　　　**4** purpose

(6)　Since the (　　　) of China is so large, Chinese is spoken by more people than any other language.

**1** knowledge　　　**2** population　　　**3** tradition　　　**4** scenery

(7)　*A:* I hear the rock concert is going to be broadcast live.
　　*B:* Really? I love rock music. I can't (　　　) it.

**1** explore　　　**2** miss　　　**3** announce　　　**4** lose

(8)　*A:* You're a great singer, Junko.
　　*B:* Thank you. Now it's your (　　　) to sing, Jim.

**1** change　　　**2** circle　　　**3** order　　　**4** turn

*(9)* Mrs. Williams saw a little boy crying in the park. She spoke to him gently and (     ) him why he was crying.

**1** explained       **2** gained       **3** translated       **4** asked

*(10)* *A:* Roger, these business plans are not satisfactory. There's much (     ) for improvement.

*B:* Sorry, Mr. Jones. I'll work on them some more.

**1** failure       **2** hall       **3** room       **4** proof

*(11)* *A:* How many people will (     ) up at the party?

*B:* I'm not quite sure, but more than 100, I think.

**1** take       **2** turn       **3** look       **4** make

*(12)* *A:* Hello, Molly. My car (     ), so I won't be able to get there on time.

*B:* Oh, that's too bad, Adam. Everybody here is waiting for you.

**1** took place       **2** dropped by       **3** stood out       **4** broke down

*(13)* The boys found the wall paintings in the cave (     ) chance.

**1** at       **2** by       **3** above       **4** through

*(14)* The plane (     ) off from Narita Airport at 9:30 p.m. and it will arrive at Sydney at 8:15 tomorrow morning.

**1** put       **2** took       **3** went       **4** called

*(15)* *A:* Thank you for helping me with the report. What can I do for you in (     )?

*B:* Nothing at all. I'm just glad I could help.

**1** point       **2** secret       **3** vain       **4** return

Day 1
Day 2
Day 3
Day 4
Day 5
Day 6
Day 7

**2**

次の四つの会話文を完成させるために，*(16)* から *(20)* に入るものとして最も適切なものを **1**，**2**，**3**，**4** の中から一つ選び，その番号を解答用紙の所定欄にマークしなさい。

---

*(16)*　*A:* So, doctor, what's wrong with me?

　　*B:* Hmm... maybe we (　*16*　).

　　*A:* Oh, is it really that bad?

　　*B:* I don't think it's very serious, but we should be certain.

　　**1** don't have to take any more medicine

　　**2** will write an annual report

　　**3** expect a bill from a hospital

　　**4** need to do some more tests


*(17)*　*A:* Hi, I'm Steve. You must be Lisa's sister.

　　*B:* That's right. How did you know?

　　*A:* I'm in Lisa's class at school, and (　*17*　).

　　*B:* A lot of people say that.

　　**1** you're different from each other

　　**2** I can recognize her easily

　　**3** you two look exactly alike

　　**4** she asked me to meet you


*(18)*　*A:* I'm having a party at my home tomorrow. Why don't you come, Bill?

　　*B:* Tomorrow? I'm sorry, I have to work, Jane.

　　*A:* Oh, that's a pity! (　*18*　)?

　　*B:* I won't be finished until late. Thanks, anyway.

　　**1** Can you come after work

　　**2** What day will be convenient for you

　　**3** Why didn't you come yesterday

　　**4** Shall we have the party tomorrow instead

A: Excuse me. Could you tell me the way to the city library?

B: Sure. Turn right at the third corner and go straight on. You'll find it on your left.

A: Turn left at the third corner and...

B: No, you have to turn right there. (   19   ) to the library?

A: Oh, that's OK. You don't have to do that. I think I can get there.

B: Once you are over there, you can't miss it.

A: Thank you. Is it (   *20*   )?

B: No, it's only ten minutes' walk.


*(19)*  **1**  Is it your first visit
    **2**  Will you take a bus
    **3**  Shall I draw a map
    **4**  Do you return soon

*(20)*  **1**  within walking distance
    **2**  far from here
    **3**  near the station
    **4**  open this afternoon

Day 1
Day 2
Day 3
Day 4
Day 5
Day 6
Day 7

次の英文を読み，その文意にそって*(21)*と*(22)*の（　　　）に入れるのに最も適切なものを**1**，**2**，**3**，**4**の中から一つ選び，その番号を解答用紙の所定欄にマークしなさい。

# A Short Trip

Ryota likes traveling. He used to travel a lot when he was young, but he became very busy at work and had no time to go abroad. One day, he had a chance to take a week off from work. He was thinking of going abroad, but the flights were expensive at that time. He ( *21* ) and looked for somewhere he could go by train or bus.

As he was checking the website of a travel agency, he found a small town near his city. The website said it had some nice hot springs, so he decided to go there. It was the first time for him to visit the town, but he ( *22* ). People there were friendly, and the food there was great. He enjoyed the hot springs every day and spent his time relaxing. He decided to come back again with friends.

---

*(21)*　**1** went to the station　　　　　**2** decided not to go on a trip
　　　　**3** gave up traveling far away　　**4** used up all his money

*(22)*　**1** started to feel sick　　　　　**2** got bored during the stay
　　　　**3** wanted to go home　　　　　**4** found it very attractive

# MEMO

Day
1

Day
2

Day
3

Day
4

Day
5

Day
6

Day
7

次の英文 $\boxed{A}$, $\boxed{B}$ の内容に関して, *(23)* から *(29)* までの質問に対して最も適切なもの, または文を完成させるのに最も適切なものを **1**, **2**, **3**, **4** の中から一つ選び, その番号を解答用紙の所定欄にマークしなさい。

---

From: Bill Rogers <bill-rogers@cns.foot.org>
To: Yuki Saito <saitoyuki@adion.or.jp>
Date: March 12
Subject: Learning cooking

------------------------------------------------------------------------

Hi Yuki,

How are things in Hokkaido? Well, thank you very much for the fantastic photos of the mountains. You're very lucky to live near such beautiful snow-covered mountains. I put the photos on the wall of my room, so I see them every day. They remind me of the town I lived in when I was a little child.

Now my city is a long way from ski slopes, so I don't go skiing much. Instead I often go ice skating. There's a new skating rink about a mile away from our house. It's open until eight o'clock in the evening. School finishes around three, so I usually go after that. Then I feel quite refreshed and ready to study hard until late at night.

This September, I'll go to college and live alone in an apartment. So, I'm learning how to cook now. My mother says that I should know how to cook, so she is teaching me. I hope I will be able to do everything myself! Are you a good cook, Yuki? I want you to give me a recipe for your local dishes some day.

Your friend,
Bill

*(23)*   What Yuki sent Bill is

    **1** a big poster she painted at school.

    **2** pictures of mountains covered with snow.

    **3** a postcard with a snowman on it.

    **4** books on the town she lived in as a child.


*(24)*   Bill tells Yuki that

    **1** he is planning to go skiing this winter.

    **2** the new skating rink is next to his house.

    **3** he studies late at night every day.

    **4** going skating after school is refreshing for him.


*(25)*   Why is Bill learning cooking now?

    **1** He's going to live alone.

    **2** He'd like to be a cook.

    **3** His mother teaches cooking at school.

    **4** He wants to make dinner for Yuki.

Day 1
Day 2
Day 3
Day 4
Day 5
Day 6
Day 7

# Dogon Mask Dance

In West Africa, in the country of Mali, there is a group of people known as the Dogon. Although recent times have brought many changes to their lifestyle, they continue to follow and practice many of their cultural traditions. They are known for their arts and crafts, architecture, and various dances. These dances are one of the most well-known parts of Dogon culture, and they perform these dances for different reasons and occasions including weddings, changes in the seasons, and other life events.

One of the most important dances is the Dogon masked dance called the Dama. The Dama is performed to honor a respected elder two or three years after the person has died. The dancers wear masks representing spirits of animals and the dead. The purpose of the masked dance is to guide the souls of the dead to their final resting place. The masks and ways of performing the Dama differ from village to village. Masked dances are also performed every two or three years to mark a harvest or to celebrate a successful hunt.

Many different types of masks are used during the dances. There are as many as 80 different mask designs. The masks made from wood are decorated in red, black, white, and brown. Some masks represent human characters such as young or old people, women, or foreigners. Some represent animals. The most important mask in the Dogon is the Great Mask, or the Mother of Masks. It is so big that it is not worn but held.

Traditionally, the Dama and other dances are not performed in front of outsiders. However, there are tours and special performances where outsiders can see shortened versions of the dances. Today, Dogon areas and villages are a major tourist attraction for countries such as Mali and West Africa in general.

*(26)* What is true about Dogon culture?

**1** People all over Africa follow their cultural traditions.

**2** It is famous for things such as craftwork and dances.

**3** Many of their traditions have disappeared in recent times.

**4** Their traditions have affected the lifestyles of other countries.


*(27)* The masked dance called the Dama is

**1** thought to keep evil spirits away from the home.

**2** performed to guide tourists around the area.

**3** held to show respect to elders after their deaths.

**4** believed to make someone who is ill feel better.


*(28)* Some of the masks

**1** are painted by famous foreign designers.

**2** are made by young people in the area.

**3** represent the kings and queens of the country.

**4** stand for different kinds of people or animals.


*(29)* Dogon culture is changing because

**1** there are very few Dogon people left in West Africa.

**2** younger generations no longer follow their traditions.

**3** outsiders came to be interested in their dance performances.

**4** Dogon dance is now mainly performed by foreign visitors.

Day 1
Day 2
Day 3
Day 4
Day 5
Day 6
Day 7

# 5 ライティング（Eメール）

●あなたは，外国人の知り合い（Clara）から，Eメールで質問を受け取りました。この質問に
わかりやすく答える返信メールを， ☐ に英文で書きなさい。
●あなたが書く返信メールの中で，ClaraのEメール文中の下線部について，あなたがより理
解を深めるために，下線部の特徴を問う具体的な質問を2つしなさい。
●あなたが書く返信メールの中で ☐ に書く英文の語数の目安は40語〜50語です。
●解答は，解答用紙の裏面にあるEメール解答欄に書きなさい。なお，解答欄の外に書かれた
ものは採点されません。
●解答がClaraのEメールに対応していないと判断された場合は，0点と採点されることがあ
ります。ClaraのEメールの内容をよく読んでから答えてください。
● ☐ の下のBest wishes, の後にあなたの名前を書く必要はありません。

---

Hi!

Guess what! I will enter a marathon next Saturday. I wanted to enter a
bicycle race, but my mom thought it would be too dangerous. She suggested
I enter a marathon instead. You should come and watch the race if you're
free. I'm excited about the marathon, but training for it is tiring. I have to
go running every day. Do you think that marathons will become more
popular in the future?

Your friend,
Clara

---

Hi, Clara!

Thank you for your e-mail.

解答欄に記入しなさい。

Best wishes,

---

# 6 ライティング （英作文）

● あなたは，外国人の知り合いから以下の **QUESTION** をされました。

● **QUESTION** について，あなたの意見とその<u>理由を2つ</u>英文で書きなさい。

● 語数の目安は50語〜60語です。

● 解答は，解答用紙の裏面にある英作文解答欄に書きなさい。<u>なお，解答欄の外に書かれたものは採点されません。</u>

● 解答が **QUESTION** に対応していないと判断された場合は，<u>0点と採点されることがあります</u>。**QUESTION** をよく読んでから答えてください。

## QUESTION
*Do you think smartphones are necessary for small children?*

Day 1

Day 2

Day 3

Day 4

Day 5

Day 6

Day 7

# Day 3

# リスニングテストの攻略法は？

リスニングテストは3部に分かれ，
各10問で計30問。すべて放送は1回です。
問題がどんどん進むため，効率良く解答することが求められます。
リスニングテストの攻略法を見ていきましょう。

## 1 第1部 会話の応答文選択問題 の攻略法

A→B→A の短い会話の後に3つの選択肢が放送されます。会話の最後の文は特に注意して聞きましょう。最後の発話と選択肢との関係が，正解を判断する際の重要なポイントになるからです。また，会話文の問題に取り組むときには，会話の状況をイメージしながら聞き取ることが重要です。「2人はどんな関係にあるのか」「2人は何について話しているのか」などを推測し，状況を具体的にイメージしながら聞き取るようにしましょう。

会話も選択肢も1度しか放送されません。選択肢を聞いているうちに会話の内容を忘れてしまった，などということがないように注意しなくてはなりません。必要があればすばやくメモを取り，場面設定や話者の関係を把握しておきましょう。

## 2 第2部 会話の内容一致選択問題 の攻略法

解答の選択肢が問題冊子に書かれているので，放送が始まる前に選択肢にさっと目を通し，何が問われるかの予測を立てておきましょう。選択肢を見れば，Where 〜? か When 〜? か What 〜? か，など，どんな質問（Question）かある程度推測できるものです。数秒間であっても，選択肢に目を通しておくのとそうでないのとでは，結果に大きな違いが出ます。

人名や，時・場所・理由など，会話の内容の一部を問う質問も多いですが，What will the woman do next? や，What are they talking about? のように，会話全体の状況や内容を理解して答える質問もあります。

会話の状況やトピックを，できるだけ早く的確につかむためにも，ショッピング・旅行・道案内・レストランといったテーマに即した慣用表現を日ごろからよく練習しておくとよいでしょう。（Day 5　p.64, 65参照）

## 3 第3部 文の内容一致選択問題 の攻略法

第2部と同じように，先に選択肢に目を通しておけば，リスニングのポイント（いつ，どこで，何を，誰が）をある程度推測することができます。選択肢の内容を頭に入れておくことで，聞き取るべきポイントを少しでも明らかにしておきましょう。

読解においてもリスニングにおいても英文では最初に重要なメッセージが述べられることが多いので，第1, 2文でどのようなトピックを扱っているかをしっかり聞き取り，次に続く文が前文とどのような関係になっているか，つながりを意識しながら聞き進めていきましょう。第

2部と同じく，英文の一部分に焦点を当てた質問と，全体に関わる質問との2種類があります。

　英文と同様，質問の聞き取りも大変重要です。特にどの疑問詞が用いられているかに注意し，問われている事柄が何なのかを正確に理解するようにしましょう。

## 4 リスニングテスト共通の注意点

● リスニングテストの試験時間は25分程度ですが，この間，集中力を失わずに聞くことが重要です。多くの質問が，最後まで会話や英文を聞き取らなければ正解できないように工夫されているので，放送を最後までしっかり聞いて答えるようにしましょう。

● リスニングテストの放送はすべて1度しか流れませんので，2度目の放送で情報をもう一度確認するということはできません。人物名や数字など，大切であると思われる点については，すばやくメモを取るようにするとよいでしょう。

● 会話に複数の人物が登場し，そのうちの1人について，他の人物と混同しないで聞き取れるかどうかが問われる質問もあります。人物や，品物・日時・場所などの要素が会話文に複数出てくることはよくあることです。それらの要素を混同しないように，頭の中でうまく整理しながら聞けるようにしましょう。

## 5 リスニングテスト対策法

● まずはこの本に掲載されている問題や過去に出題された問題を実際に聞いてみて，その分量・内容・スピードを体験します。さらに「1回聞き」で解答することに慣れておきましょう。

● 質問の答えのカギとなる部分は1か所とは限りません。たとえ一番重要な部分を聞き逃しても他の部分から推測することが可能な場合も多くあります。あきらめず，最後まで粘り強く聞き，最善の推測をして答えることも大切です。

● 普段から，なるべく多くの英語音声を聞くようにします。学校の英語の授業やそこで使われる音声，テレビや動画などの英語放送，英語の映画や音楽などを利用するのもよいでしょう。ただ漫然と英語を聞かないで，常に聞き取るべきポイントを意識して，欲しい情報を得ようとする態度で聞くようにするとリスニングテストの実戦力が養われます。また，できるだけ1回で情報をつかむことも意識しましょう。

● 英語の音声をただ聞くだけでなく，音声を区切って一時停止し，その間に音声を繰り返したり（リピーティング），音声を止めずに音声に重ねながら音読したりする練習（オーバーラッピングやシャドーイング）を取り入れることも，リスニング力をアップさせるのに効果的です。自分でうまく発音できるようになった語やフレーズは，聞き取ることも容易になるものです。

# リスニングテスト

試験時間 リスニング約 **25** 分

## 準2級リスニングテストについて

❶このリスニングテストには，第1部から第3部まであります。
★英文はすべて一度しか読まれません。
第1部：対話を聞き，その最後の文に対する応答として最も適切なものを，放送される **1**, **2**, **3** の中から一つ選びなさい。
第2部：対話を聞き，その質問に対して最も適切なものを **1**, **2**, **3**, **4** の中から一つ選びなさい。
第3部：英文を聞き，その質問に対して最も適切なものを **1**, **2**, **3**, **4** の中から一つ選びなさい。
❷ *No. 30* のあと，10秒すると試験終了の合図がありますので，筆記用具を置いてください。

### 第 *1* 部　🔊 034〜044

*No. 1 〜 No. 10*（選択肢はすべて放送されます。）

### 第 *2* 部　🔊 045〜055

| *No. 11* | **1** She bought them. |
| | **2** She plays for a symphony. |
| | **3** She received them from a friend. |
| | **4** She won them in a contest. |
| *No. 12* | **1** Ask them to email her boss. |
| | **2** Tell them the woman will contact them later. |
| | **3** Give them the woman's phone number. |
| | **4** Call the woman immediately. |
| *No. 13* | **1** To prove his age. |
| | **2** To confirm his reservation. |
| | **3** To receive a lower price. |
| | **4** To withdraw money. |

| | | |
|---|---|---|
| *No. 14* | **1** | The man does not like cream. |
| | **2** | There is not enough sauce. |
| | **3** | The man cannot eat shrimp. |
| | **4** | The woman burned the sauce. |
| *No. 15* | **1** | He wants to receive a reward for finding the wallet. |
| | **2** | He wants to meet the owner of the wallet. |
| | **3** | He wants the owner to get his money and cards back. |
| | **4** | He hopes no one steals the man's money. |
| *No. 16* | **1** | It is easier to learn than Japanese. |
| | **2** | It is used by many people. |
| | **3** | She can help him learn. |
| | **4** | She is interested in the culture. |
| *No. 17* | **1** | To schedule a check-up. |
| | **2** | To give the woman her test results. |
| | **3** | To find out why she did not show up for her appointment. |
| | **4** | To confirm her appointment for next week. |
| *No. 18* | **1** | She wants a higher salary. |
| | **2** | She was fired from her job. |
| | **3** | She does not like her coworkers. |
| | **4** | She wants to do something different. |
| *No. 19* | **1** | It is located on a busy street. |
| | **2** | It has no sign on the door. |
| | **3** | It is behind another building. |
| | **4** | Its entrance is hard to find. |
| *No. 20* | **1** | She asked for her steak well-done. |
| | **2** | She asked for a salad with no dressing. |
| | **3** | She asked for mashed potatoes instead of fries. |
| | **4** | She asked for delivery later. |

リスニングテスト

Day 1
Day 2
Day 3
Day 4
Day 5
Day 6
Day 7

*No. 21*
  **1** He is attending college in France.
  **2** He wants to improve his French.
  **3** His father works in Paris.
  **4** He is meeting some artists in Paris.

*No. 22*
  **1** It is no longer popular in Europe.
  **2** It is very popular in the U.S. now.
  **3** It has a history of more than 100 years.
  **4** It is performed only in the Czech Republic.

*No. 23*
  **1** She scored many goals.
  **2** She coached her teammates.
  **3** She played seven matches.
  **4** She helped to win the tournament.

*No. 24*
  **1** Show the necessary coupon.
  **2** Purchase at least 10 items.
  **3** Pay more than $50 in total.
  **4** Apply for the discount online.

*No. 25*
  **1** To sell vegetables.
  **2** To help his neighbor.
  **3** To save money.
  **4** To improve his diet.

*No. 26*
  **1** It is the City Orchestra's first concert.
  **2** A well-known singer is performing.
  **3** The orchestra is returning after a two-year break.
  **4** Songs from a hit musical will be played.

*No. 27*
  **1** They are visiting Europe for the first time.
  **2** They have never been on vacation together.
  **3** They will visit a friend in Germany.
  **4** They will visit many museums in London.

| | | |
|---|---|---|
| *No. 28* | **1** | He was a movie star. |
| | **2** | He was a real historical figure. |
| | **3** | He was recently featured in a movie. |
| | **4** | He was a criminal who did good things. |

| | | |
|---|---|---|
| *No. 29* | **1** | She watched her father and brother dive. |
| | **2** | She practiced diving without equipment. |
| | **3** | She saw a video about the local sea life. |
| | **4** | She learned how to be safe while diving. |

| | | |
|---|---|---|
| *No. 30* | **1** | He starts to clean up. |
| | **2** | He serves dinner. |
| | **3** | He goes home. |
| | **4** | He prepares dessert. |

Day 1

Day 2

Day 3

Day 4

Day 5

Day 6

Day 7

49

# 読解問題のコツをつかもう！

準2級の筆記試験では，長文読解問題（筆記3，4）を
なるべくスピーディーにこなせると有利です。
読解問題の解法のコツをつかんで正答率アップを目指しましょう！

## 1 英文の読み方

### ▶ 基本的な構成を知る

　長文読解問題の英文はいくつかの段落から構成されています。特に，論説文は基本的に「序論→本論→結論」と展開されます。この構造を理解できれば，筆者がどのように意見を展開しているのかを的確につかむことができます。

　また，出題される英文に「タイトル」が付いていることも理解の助けになります。タイトルから何について書かれているかをあらかじめ予測して読めば，効率良く読み進めることができるでしょう。

## 2 長文の語句空所補充問題の攻略法

### ▶ 全体のテーマや状況を推測しよう

　まず，何について書かれた文章であるのか，どんな状況であるのかをタイトルや第1段落の内容を見て推測しましょう。多くの場合，最初の段落にその文章全体のテーマの提示や状況説明があります。

### ▶ 空所の前後関係から空所に入る内容を推測しよう

　筆記3においては，空所の前後から文章の流れを把握し，どのような内容が入れば適切であるか予測を立てます。空所近くをていねいに読んで判断する場合がほとんどですが，該当する段落のトピックまたはその前後の段落の流れが正解を判断する根拠になることもあるので，広く文脈を理解することも大切です。

### ▶ 選択肢を見よう

　空所の前後関係による推測に基づいて，どの選択肢が最も適切であるかを判断します。文法的にはどの選択肢も入る可能性がありますので，1つ1つの選択肢について意味が通るかどうかが判断のカギとなります。つまり，正確な内容理解が求められているのです。また，構文や代名詞の使い方が手がかりになることもありますので注意しましょう。

### ▶ 文意が自然な流れになっているか確認しよう

　選んだ選択肢を実際に入れてみて，空所の前後，または段落全体を読み直してみます。論理展開が適切になっているかどうかを最終チェックし，解答を決定します。

## 3 メール文の長文内容一致選択問題の攻略法

　メール文の読み方は，基本的には手紙文と同じですが，メール文の最初には下に挙げたヘッダーと言われる部分があります。誰が（From:--），誰に（To:--），いつ（Date:--）メールを出したのか，どういった案件（件名）（Subject:--）か，ということがわかりますので，これらをまず落ち着いて確認するようにしましょう。

（メールのヘッダー例）

From: Akiko Clark <akiko-clk@gomail.com>　… 差出人とメールアドレス
To: Mary Allison <maryallison@r7.newglobe.or.ca>　… 受取人とメールアドレス
Date: July 6　… メールを出した日付
Subject: The dinner party　… メールの件名（主要な用件）

　筆記4Aのメール文の Subject（件名）は，近況報告，お礼，お願い，ホームステイや旅行，パーティーのことなど，日常の話題がほとんどです。メール文は3つの段落から成る200語程度の文章で，それぞれの段落に関係した設問が3問出題されます。初めにさっと全体に目を通してメールの趣旨をつかんだら，段落ごとにポイントを確認して設問を解いていくと効率的に解答できるでしょう。

## 4 長文の内容一致選択問題の攻略法

　筆記4Bの長文読解問題では，300語前後の英文に対して，設問が4つあります。通例，英文は4段落構成となっていて，1段落につき1問ずつ出題されます。
　限られた時間で効率良く問題を解くためには，次のような解法がお勧めです。

(1) 本文を流し読みする——まずはタイトルや書き始めの文に注意して，本文をさっと流し読みしましょう。流し読みではトピックやテーマが頭に入れば十分です。
(2) 設問をチェックする——本文を時間をかけて読む前に，すばやく4つの設問に目を通して，読解のポイントをチェックしましょう。
(3) パラグラフ・リーディング（段落読み）をする——文章全体の流れをつかむために段落を意識した読み方をしましょう。各段落の最初と最後の文には特に注意を払い，段落ごとの要旨をつかみましょう。多くの設問は，段落の要旨に絡めて出題されています。また，therefore「したがって」, as a result「その結果として」, however「しかしながら」, on the other hand「他方」, for example「例えば」のような，話の流れをつくる接続表現に注意しましょう。
(4) 解答の根拠となる箇所を見つける——解答の根拠はすべて本文中にあります。したがって，その根拠となる箇所をすばやく的確に見つけなければなりません。もっともらしい選択肢でも，本文中に根拠が書かれていないものは誤りと考えます。

Day 1
Day 2
Day 3
Day 4
Day 5
Day 6
Day 7

# 筆記試験

**試験時間** **筆記80分**

**1**　次の*(1)*から*(15)*までの（　　　）に入れるのに最も適切なものを**1**，**2**，**3**，**4**の中から一つ選び，その番号を解答用紙の所定欄にマークしなさい。

---

*(1)* Taro will spend a few years in New York. His main (　　　) for going is to study Broadway musicals there.

**1** behavior　　**2** reason　　**3** accident　　**4** process

*(2)* *A:* Did you (　　　) Jane's new boyfriend?
*B:* Yes, I was surprised that he is so handsome.

**1** acquire　　**2** propose　　**3** bring　　**4** notice

*(3)* *A:* Does Japanese food suit your (　　　)?
*B:* Yes, very much. I really love it.

**1** size　　**2** dish　　**3** taste　　**4** hand

*(4)* *A:* I think that this plan will be successful.
*B:* I don't want to (　　　) with you, but I'm sure it won't.

**1** argue　　**2** play　　**3** compare　　**4** hide

*(5)* *A:* Where do you want to go tomorrow, Dean?
*B:* How about the beach? The roads won't be too crowded if we leave (　　　).

**1** early　　**2** silently　　**3** professionally　　**4** recently

*(6)* *A:* It's hot, isn't it?
*B:* Yes, it is. Let's take a rest in the (　　　) of a tree.

**1** guard　　**2** cloud　　**3** flow　　**4** shade

*(7)* *A:* I'm very sorry I made you so angry the other day.
*B:* I'm sorry, too. I want to (　　　) to you for losing my cool.

**1** save　　**2** introduce　　**3** apologize　　**4** understand

**(8)** Nancy promised to call Ted, but she didn't. Her (          ) was that she had lost her smartphone.

**1** essay          **2** effort          **3** practice          **4** excuse

**(9)** *A:* What about your schedule for this week?

*B:* Well, it's very (          ). I doubt I could meet the deadline.

**1** tight          **2** confident          **3** conscious          **4** sudden

**(10)** *A:* How much do you think the airplane ticket will (          )?

*B:* It will be more than $2,000 because fuel is very expensive now.

**1** lend          **2** pay          **3** manage          **4** cost

**(11)** *A:* When I was shopping last Sunday, I ran (          ) Paul.

*B:* Wow! I haven't seen him since I graduated from high school.

**1** over          **2** out          **3** across          **4** along

**(12)** Since the typhoon was coming, the tennis match had to be (          ) until next Monday.

**1** put off          **2** taken back          **3** kept away          **4** set aside

**(13)** *A:* May I have a drink, Ms. Robbins?

*B:* Please (          ) yourself. The kitchen is that way.

**1** decorate          **2** help          **3** invent          **4** put

**(14)** Chloe's grandfather was decorating the house yesterday, so Chloe gave him a (          ) painting the walls.

**1** bill          **2** story          **3** reason          **4** hand

**(15)** George missed three days of school, so he has to work hard to (          ) with his class.

**1** slow down          **2** make sense          **3** catch up          **4** hold on

Day 1
Day 2
Day 3
Day 4
Day 5
Day 6
Day 7

次の四つの会話文を完成させるために，*(16)* から *(20)* に入るものとして最も適切なものを **1**，**2**，**3**，**4** の中から一つ選び，その番号を解答用紙の所定欄にマークしなさい。

---

*(16)*  *A:* I bought these eggs here, but most of them were bad.

    *B:* I'm sorry about that, ma'am.

    *A:* Can I (　*16*　)?

    *B:* No, I'm afraid we can only give exchanges.

    **1** have my money back

    **2** exchange them

    **3** have some fresh ones

    **4** have those eggs


*(17)*  *A:* Hurry up, or we'll be late for the concert.

    *B:* Wait a moment, Jack. I'm looking for my cell phone. Maybe I left it on the sofa.

    *A:* If it's a blue one, (　*17*　).

    *B:* That's it, Jack. Thanks. Now we can go.

    **1** it's easy to pick up another phone

    **2** somebody will be able to find it

    **3** you can use my cell phone

    **4** it's here on the dining table


*(18)*  *A:* You can't park your car here. It's only for the college staff.

    *B:* I see. (　*18*　)?

    *A:* Yes. Go down this street for two blocks and you can find it on your left.

    *B:* Thanks. I'll park there.

    **1** How can I get to your college

    **2** How about the parking area for the staff

    **3** Can I park my car here

    **4** Is there another parking lot nearby

*A:* Hi, Matt. Why didn't you show up at soccer practice yesterday? Are you sick?

*B:* No, I'm fine. I needed to ( *19* ). He's back from his trip to Europe.

*A:* Did he have a good time?

*B:* Yes, he said it was great. And he's got a nice souvenir for you.

*A:* How nice! May I ( *20* )?

*B:* Certainly, but be sure not to come over too late.

*A:* I'll be there around 4:30.

*B:* OK, see you then.

*(19)* **1** finish my homework in haste
**2** make an appointment with a doctor
**3** pick up my brother at the airport
**4** take a cold medicine

*(20)* **1** plan a trip to Europe
**2** open the box now
**3** come to see him today
**4** practice soccer with him

次の英文を読み，その文意にそって *(21)* と *(22)* の（　　　）に入れるのに最も適切なものを **1**，**2**，**3**，**4** の中から一つ選び，その番号を解答用紙の所定欄にマークしなさい。

# Yuko's Flowers

Yuko started living alone last month. One day, she found a flower shop near her apartment. When she saw colorful flowers there, she thought it would be nice to ( *21* ), so she bought some. After she got home, she put them in a big pot. She watered them every morning and evening.

A week later, however, she had a problem. She realized the flowers didn't look healthy. She didn't know why, so she went to the flower shop again and asked for some advice. The shop staff told her that she needed to ( *22* ). She learned that too much water was not good for the roots. After getting the advice, she tried to water the flowers only when she could see that the soil was dry. Gradually the flowers got better, and now she has beautiful flowers blooming on her balcony.

*(21)*   **1** send them to her parents       **2** grow them on her balcony
　　　　**3** give them to her neighbor     **4** bring them to her school

*(22)*   **1** give them more sunlight       **2** plant them in a big pot
　　　　**3** put them in the shade         **4** water them less frequently

# MEMO

Day 1
Day 2
Day 3
Day 4
Day 5
Day 6
Day 7

次の英文 A , B の内容に関して, (23) から (29) までの質問に対して最も適切なもの, または文を完成させるのに最も適切なものを 1, 2, 3, 4 の中から一つ選び, その番号を解答用紙の所定欄にマークしなさい。

From: Akiko Clark <akiko-clk@gomail.com>
To: Mary Allison <maryallison@r7.newglobe.or.ca>
Date: July 6
Subject: The dinner party

------------------------------------------------------------------------

Dear Mary,

I am sorry that it has taken me so long to email you, but I was so busy last week. I have been taking care of my grandmother, who has been in the hospital since last Monday. Her cold has gotten a lot worse.

I would really like to come to the dinner party on the evening of July 12 and have a nice chat with your family and other friends. However, I'm afraid to say that I don't think I'll be able to. I'll have to go to see my grandmother in the hospital that day. Anyway, I hope all of you will have a great time. I have a favor to ask of you. If you don't mind, please ask your brother Ben for his present address. I'd like to say to him, "Congratulations on the birth of your baby!"

Thanks anyway for inviting me to the party at your house, and give my regards to your family. Can you show me the party pictures next time we meet, and tell me about the party? I'm looking forward to seeing you in the near future.

Sincerely,

Akiko

*(23)* Akiko's grandmother

    **1** has been ill in her house.

    **2** has been in the hospital.

    **3** has been busy with her work.

    **4** has been working for the hospital.

*(24)* Why won't Akiko come to the dinner party?

    **1** She will meet her old friends.

    **2** She has to go to Ben's house.

    **3** She's been sick in the hospital.

    **4** She's going to the hospital that day.

*(25)* One of the things Akiko asks Mary is

    **1** to invite her to the party at Mary's house.

    **2** to come and visit her in the near future.

    **3** to have a party with her next time.

    **4** to show her the pictures and tell her about the party.

Day
1

Day
2

Day
3

Day
4

Day
5

Day
6

Day
7

# Chewing Gum

The chewing gum that most people are familiar with first appeared in the 1800s and is an American invention. However, something like chewing gum may go back to thousands of years ago when northern Europeans were chewing tree bark tar.* Since then, various cultures have been chewing things like gum in different forms.

The ancient Mayans of North America made gum from a material called "chicle" that comes from a special tree. It was used to make the mouth wet or fight hunger. The Aztecs also made gum from chicle and used it to freshen their breath and clean their teeth. Apparently, only children and single women could use it publicly. Married women and men were expected to only chew gum in private. The ancient Greeks and Native Americans in North America also used chewing gum for similar purposes. Other materials, such as leaves or roots of certain plants, were also used as chewing gum.

The chewing gum people enjoy today was first developed in the United States in the 1840s by John B. Curtis. It was made of sap* from specific trees and later wax. In 1871, Thomas Adams made gum from chicle brought in from Mexico, the same material used by the Mayans and Aztecs. Early versions had no flavor, but a flavored version called Black Jack became the first popular brand and is still sold today. Chewing gum development took another step when the world's first bubble gum, called Dubble Bubble, was invented in 1928.

Chewing gum became popular outside of the United States during and after the Second World War when American soldiers traded it with locals for food and other items. In the 1960s, manufacturers stopped using chicle and switched to synthetic rubber,* which was cheaper to make. Today, over $2 billion worth of gum is sold in the United States alone each year.

*tree bark tar : 木タール（樹皮を加熱して得られる物質）
*sap : 樹液
*synthetic rubber : 合成ゴム

*(26)* What is true about chewing gum?

**1** It is mainly produced in America.

**2** It is a modern European invention.

**3** It has been used since ancient times.

**4** Its first use was most likely in Mexico.

*(27)* In Aztec culture

**1** soldiers fighting in war carried chewing gum with them.

**2** people cut down special trees and exported them to other countries.

**3** children and unmarried woman could chew gum in public.

**4** married people were not allowed to purchase chewing gum.

*(28)* What happened to chewing gum in the 1800s?

**1** It became popular among women in the U.S.

**2** It was given flavor and sold in stores.

**3** It was researched and developed for medical purposes.

**4** It was specially made for blowing bubbles.

*(29)* Chicle was replaced in chewing gum because

**1** manmade rubber is less expensive.

**2** too much chicle is not good for the health.

**3** Mexico stopped sending chicle to the U.S.

**4** wax is better for making bubbles.

Day 1
Day 2
Day 3
Day 4
Day 5
Day 6
Day 7

# ライティング （Eメール）

●あなたは，外国人の知り合い（Freya）から，Eメールで質問を受け取りました。この質問にわかりやすく答える返信メールを，□□に英文で書きなさい。

●あなたが書く返信メールの中で，FreyaのEメール文中の下線部について，あなたがより理解を深めるために，下線部の特徴を問う具体的な質問を2つしなさい。

●あなたが書く返信メールの中で□□に書く英文の語数の目安は40語～50語です。

●解答は，解答用紙の裏面にあるEメール解答欄に書きなさい。なお，解答欄の外に書かれたものは採点されません。

●解答がFreyaのEメールに対応していないと判断された場合は，0点と採点されることがあります。FreyaのEメールの内容をよく読んでから答えてください。

●□□の下のBest wishes, の後にあなたの名前を書く必要はありません。

---

Hi!

Guess what! I started doing volunteer work at the dog shelter in my town. At first, I wanted to help at the community center, but the manager there said volunteers must be over 18. He suggested I work at the dog shelter instead. I'm sending you some photos of the dogs at the shelter. Volunteering at the shelter is interesting, but now I'm very busy. I need to do many things to help dogs. Do you think young people should do volunteer work?

Your friend,
Freya

---

Hi, Freya!

Thank you for your e-mail.

解答欄に記入しなさい。

Best wishes,

# 6 ライティング（英作文）

● あなたは，外国人の知り合いから以下の **QUESTION** をされました。

● **QUESTION** について，あなたの意見とその<u>理由を2つ</u>英文で書きなさい。

● 語数の目安は50語〜60語です。

● 解答は，解答用紙の裏面にある英作文解答欄に書きなさい。<u>なお，解答欄の外に書かれたものは採点されません。</u>

● 解答が **QUESTION** に対応していないと判断された場合は，<u>0点と採点されることがあります。</u>**QUESTION** をよく読んでから答えてください。

## QUESTION
*Do you think restaurants should stay open 24 hours a day?*

Day 1
Day 2
Day 3
Day 4
Day 5
Day 6
Day 7

# Day 5

## 重要会話表現をマスターしよう！

筆記試験でもリスニングテストでも
知っておくと会話の状況を理解しやすくなる表現があります。
これらの定型表現は，実際に英語を使う際にもとても役に立ちます。
繰り返し声に出して練習して，使えるようにしておきましょう。

### 1 依頼・許可の表現

☐ May I ask you a favor?（＝May I ask a favor of you?）「お願いがあるのですが」
☐ Would you mind washing this shirt?「このシャツを洗っていただけませんか」
☐ Do you mind if I open the window?「窓を開けても構いませんか」
☐ Is it OK for me to park my car here?「ここに車を駐車してもいいですか」

### 2 勧誘・提案の表現

☐ Would you like something to drink?「何か飲み物はいかがですか」
☐ We're going out for lunch. Why don't you come along? — I'd love to.
　「これから昼食に行くの。一緒に行かない？」「ぜひ，そうしたいです」
☐ How about playing baseball this weekend? — (That) Sounds great.
　「今週末に野球をしませんか」「いいですね」
☐ What do you say to going to the movies tonight?「今夜，映画に行くのはどうですか」

### 3 忠告・助言の表現

☐ You should go to class soon.「君はすぐ授業に行くべきだよ」
☐ It would be better for you to follow your friend's advice.
　「君は友達の助言に従った方がいいと思います」

### 4 感想・意見を求める表現

☐ How was the concert last night?「昨夜のコンサートはどうだった？」
☐ What do you think of this plan?「この計画をどう思いますか」
☐ How did you like it?「それはどうでしたか」
☐ Don't you think it would be better to meet at the west gate?
　「西門で会った方がいいと思わない？」

## 5 電話での表現

- [ ] This is Ken speaking. 「(電話口で) (僕は) ケンです」
- [ ] May I speak to Mr. Smith? 「スミスさんとお話ししたいのですが」
  (※親しい関係であれば Is John there [in]? 「ジョンはいますか」のようにも言うこともできます)
- [ ] Would you put me through to Ms. Honda? 「ホンダさんにつないでいただけますか」
- [ ] I'll call back later. 「後で電話をかけ直します」
- [ ] Hold on a minute, please. 「切らないで少しお待ちください」
- [ ] I'm afraid you have the wrong number. 「(電話の) 番号を間違えていると思います」
- [ ] Can [Could / May] I leave a message? 「伝言をお願いできますか」
- [ ] Shall I take a message? 「伝言を承りましょうか」
- [ ] Could you call her back later? 「後であなたから彼女に電話をかけ直してもらえますか」

## 6 食事での表現

- [ ] Is that for here or to go? 「こちらで召し上がりますか, お持ち帰りですか」
- [ ] Excuse me. Are you ready to order? 「失礼します。ご注文はお決まりですか」
- [ ] It's on me. = It's my treat. 「私がごちそうします」
- [ ] Shall we eat out this evening? 「今晩は外食にしましょうか」
- [ ] Would you like some dessert? 「デザートはいかがですか」
- [ ] Please help yourself to some pie. 「どうぞパイをご自由にお召し上がりください」

## 7 買い物での表現

- [ ] May I help you? = What can I do for you? 「いらっしゃいませ／ご用をお伺いいたします」
- [ ] No, thank you. I'm just looking [browsing]. 「いえ, 結構です。見ているだけです」
- [ ] Can I try on one of these sweaters? 「こちらのセーターの1つを試着できますか」
- [ ] How would you like to pay? 「お支払いはどのようになさいますか」

## 8 道案内での表現

- [ ] Could you tell me the way to City Hall? 「市役所への道を教えていただけませんか」
- [ ] Go down this street for one block. 「この道を向こうへ1ブロック行ってください」
- [ ] Turn left at the corner. 「その角を左に曲がってください」
- [ ] You can't miss it. 「必ず見つかります (見逃すはずがありません)」

## 9 その他の便利な表現

- [ ] That's too bad. 「それは残念です／それはお気の毒です」
- [ ] Here you are. = Here it is. 「(物を差し出して) はい, どうぞ」
- [ ] What's the matter (with you)? 「どうしたのですか」
- [ ] Please say hello to your family for me. 「ご家族によろしくお伝えください」
- [ ] No problem. 「大丈夫, 問題はありません／どういたしまして」

Day 1
Day 2
Day 3
Day 4
Day 5
Day 6
Day 7

## Day 5

# リスニングテスト

**試験時間** リスニング約**25分**

### 準2級リスニングテストについて

❶このリスニングテストには，第1部から第3部まであります。
★英文はすべて一度しか読まれません。
第1部：対話を聞き，その最後の文に対する応答として最も適切なものを，放送される**1, 2, 3**の
　　　　中から一つ選びなさい。
第2部：対話を聞き，その質問に対して最も適切なものを**1, 2, 3, 4**の中から一つ選びなさい。
第3部：英文を聞き，その質問に対して最も適切なものを**1, 2, 3, 4**の中から一つ選びなさい。
❷*No. 30* のあと，10秒すると試験終了の合図がありますので，筆記用具を置いてください。

**第1部** 🔊 **067～077**

*No. 1 ～ No. 10*（選択肢はすべて放送されます。）

**第2部** 🔊 **078～088**

*No. 11*
1 Stay home.
2 Finish her work.
3 Talk with Nick on the phone.
4 Go shopping with Nick.

*No. 12*
1 She is at her desk.
2 She forgot her papers.
3 She works at a hospital.
4 She is in her car.

*No. 13*
1 He didn't know there was a test.
2 He couldn't study much for the test.
3 It was more difficult than he thought.
4 Biology isn't his favorite subject.

*No. 14*
**1** Buy a new computer.
**2** Find out where the museum is.
**3** Sell some tickets.
**4** Get a ticket for a show.

*No. 15*
**1** Friday morning.
**2** Friday evening.
**3** Saturday morning.
**4** Saturday night.

*No. 16*
**1** Make a reservation.
**2** Order her meal.
**3** Contact her friend.
**4** Move to another table.

*No. 17*
**1** He will play baseball.
**2** He will play tennis.
**3** He will watch a tennis match.
**4** He will stay home.

*No. 18*
**1** How much money to spend.
**2** Where to put the table.
**3** What to buy for their new house.
**4** Which color they like best.

*No. 19*
**1** She left it at home.
**2** She left it on the train.
**3** She lent it to Mason.
**4** She dropped it on the street.

*No. 20*
**1** Go out with his friends.
**2** Take a test next Monday.
**3** Study hard from tonight.
**4** Come home early.

Day 1
Day 2
Day 3
Day 4
Day 5
Day 6
Day 7

*No. 21*
1 The view is nice.
2 It is inexpensive.
3 It has a spacious kitchen.
4 It is sunny, but expensive.

*No. 22*
1 The Mexican restaurant was too expensive.
2 The Mexican restaurant was closed that day.
3 The Italian restaurant was their favorite.
4 The Italian restaurant was near Logan's house.

*No. 23*
1 Bake their own cookies.
2 Get a special recipe for cookies.
3 Buy a limited number of cookies.
4 Get cookies at discounted prices.

*No. 24*
1 Go on a skiing trip in February.
2 Get married in March.
3 Go to France in April.
4 Put off the wedding until May.

*No. 25*
1 He visited Australia this summer.
2 He will leave Japan tomorrow.
3 He wants to know about Australia.
4 He is a student from Australia.

*No. 26*
1 It was the first power station in Iceland.
2 It provides the nearby hot spring with water.
3 It uses wind to produce energy.
4 It is visited by many scientists.

*No. 27*
1 Buy a new violin.
2 Play a concert.
3 Practice for five hours a day.
4 Go to music college.

| No. 28 | 1 | Go camping with family. |
| | 2 | Do a part-time job. |
| | 3 | Volunteer abroad. |
| | 4 | Help other people. |

| No. 29 | 1 | It is big and quiet. |
| | 2 | It is next to the station. |
| | 3 | It is convenient but noisy. |
| | 4 | It is not as convenient as the old one. |

| No. 30 | 1 | It rises better. |
| | 2 | It stays flat. |
| | 3 | It becomes very soft. |
| | 4 | It does not need salt or sugar. |

Day 1
Day 2
Day 3
Day 4
Day 5
Day 6
Day 7

# 英作文問題の攻略法は？

Eメール問題と意見論述問題が出題されます。
まずは，どんな問題なのかを知ること。
その上で，問題へのアプローチの仕方をマスターしましょう！

## 1 Eメール問題の攻略法

### ▶① Eメールを読み，書くべき内容の方針を立てる

　まずはEメールを読み，下線部の話題についてどのようなことが述べられているのかと，尋ねられている質問は何かを正確に読み取りましょう。解答に含むべき内容は，(1) 下線部の特徴を問う具体的な質問2つと (2) 質問に対するあなたの回答です。

　書き出す前に，(1) についてはどのような質問を書くか，(2) についてはどのように回答するのかについて簡単に方針を立てておきましょう。

### ▶② 実際に書く

　返信メールは，大きく分けて「Eメールに対するリアクション」→「下線部に関する質問2つ」→「尋ねられた質問に対する回答」の3つの部分で構成しましょう。

#### ● 最初にEメールに対するリアクションを書く

　解答では，いきなり下線部について質問をするのは返信として不自然なので，まずは下線部の話題について I'm glad to hear that .... 「…と聞いてうれしいです」や It's surprising that .... 「…とは驚きです」などの自分のリアクションを書くようにしましょう。

#### ● 下線部の特徴を問う具体的な質問を2つ書く

　次に下線部についての具体的な質問を2つ書きます。質問はYes/Noで答えられる疑問文でも疑問詞で始まる疑問文でも構いませんが，2つの質問があまり似通ったものにならないように注意しましょう。

#### ● 尋ねられた質問に対する回答とその理由などを書く

　最後に質問に対する回答を書きます。文頭に About your question, (I think that ....) 「あなたの質問について，（私は…と思います）」のような語句を入れると，ここで質問への回答を述べることがはっきりします。回答を述べた後には，その理由や具体例などを簡潔に書きます。語数を稼ごうと関係のない内容まで書かないように注意しましょう。

### ▶③ 読み返してチェックする

　書き終わったら，読み返して，以下の3点についてチェックしましょう。

- 内容（質問2つと尋ねられた質問に対する回答が含まれているか）
- 語彙・文法（語彙・文法は正しく用いられているか）
- 語数（指示されている40〜50語におさまっているか）

# 2 意見論述問題の攻略法

## ▶ ① 全体の方針を決める

　まずは問題の指示を正確に理解しましょう。準2級の意見論述問題では，2つ目の問題指示文にあるように，(1)「あなたの意見」と (2)「その理由を2つ」書くことが求められます。

　書き出す前にまず，全体の構成について方針を決めます。(1) については，「そう思う (Yes)」，「そう思わない (No)」などの立場を決めます。それが決まったら，(2) の理由を2つ考えます。それができたら，自分の意見とそれをサポートする理由が質問（QUESTION）に対応したものであることを確認しましょう。

## ▶ ② 実際に書く

　解答文は，大きく「意見」→「理由2つ」→「まとめ」の3つの部分で構成しましょう。

### ● 最初に「意見」（立場）を表明

　最初に自分の意見として，I think [don't think] (that) more foreigners will visit Japan in the future. のように，QUESTIONで示された英文を利用しながら自分の立場をはっきりと書きましょう。

### ● 自分の意見をサポートする「理由」を2つ書く

　次に，先に述べた自分の意見について，その理由を2つ挙げます。I have two reasons. などと入れると，文章の流れがわかりやすくなります。最初の理由は First, ...「第1に [まず] …」，2番目の理由は Second, ...「第2に [次に] …」などで始めて書くとよいでしょう。それぞれの理由を2文でまとめるようにすると，50〜60語という指定の語数に近い解答となります。

### ●「まとめ」の文で締めくくる

　最後に，That is why I think ....「そういうわけで，私は…だと思います」や，For these reasons, I think ....「これらの理由により，私は…だと思います」といった文を用いて，冒頭で述べた自分の意見を繰り返して締めくくります。

　「まとめ」の文は基本的に冒頭の「意見」を繰り返せばよいのですが，可能ならば少し表現を変えるとさらにバリエーションのある良い解答になります。

　なお，指定語数をオーバーするようであれば，意見の繰り返しである「まとめ」の文は省略することも可能です。

## ▶ ③ 読み返してチェックする

　書き終わったら，読み返して，以下の4点についてチェックしましょう。

- 内容（QUESTIONで示された質問に対応した内容か）
- 構成（意見→理由2つ→まとめの構成ができているか）
- 語彙・文法（語彙・文法は正しく用いられているか）
- 語数（指示されている50〜60語におさまっているか）

Day 1
Day 2
Day 3
Day 4
Day 5
Day 6
Day 7

# 筆記試験&リスニングテスト

試験時間 筆記**80**分 | リスニング約**25**分

**1** 次の*(1)* から*(15)* までの（　　　）に入れるのに最も適切なものを**1**, **2**, **3**, **4**の中から一つ選び, その番号を解答用紙の所定欄にマークしなさい。

---

*(1)*   *A:* Kathy and her sister are so (　　　　).
     *B:* Yes. I can't tell one from the other.
     **1** alike      **2** distant      **3** serious      **4** negative

*(2)*   *A:* Good morning. I have an (　　　　) to see Mr. Smith at 11:00.
     *B:* Yes, he's expecting you. Please go in.
     **1** occupation      **2** imagination      **3** appointment      **4** emergency

*(3)*   *A:* Do you know a good restaurant around here?
     *B:* I've already (　　　　) a table at the Italian restaurant by the lake.
     **1** reduced      **2** missed      **3** offered      **4** reserved

*(4)*   *A:* How did you like the jazz concert last night, Tony?
     *B:* It was really wonderful. I (　　　　) enjoyed the drummer. He was great.
     **1** necessarily      **2** particularly      **3** suddenly      **4** regularly

*(5)*   *A:* Did you get the letter I sent you a week ago?
     *B:* No. I guess it hasn't been (　　　　) yet.
     **1** delivered      **2** expressed      **3** produced      **4** removed

*(6)*   *A:* What time shall we start on Monday?
     *B:* Let's leave at 5:30 in the morning. We should try to (　　　　) the rush hour.
     **1** avoid      **2** keep      **3** hurry      **4** run

*(7)*   *A:* Good morning, Amy. You look sleepy.
     *B:* I am. I can't get out of the (　　　　) of staying up late.
     **1** condition      **2** action      **3** habit      **4** deed

**(8)** Kate was very happy because her father ( ) her to marry her musician boyfriend.

**1** allowed     **2** remembered    **3** noticed     **4** suggested

**(9)** Last Saturday was Evelyn's parents' 20th wedding ( ). They went out for a special dinner together.

**1** festival      **2** anniversary    **3** exhibition     **4** foundation

**(10)** *A:* I'd like you to ( ) a meeting with our staff from the Nagoya branch for next Wednesday.

    *B:* Certainly. I'll contact them as soon as possible.

**1** twist       **2** arrange      **3** trust       **4** deliver

**(11)** *A:* Do you mind waiting a few more minutes, Jim?

    *B:* No, ( ) your time. We're not in a hurry.

**1** take       **2** discover     **3** stand      **4** keep

**(12)** Sam's parents wanted him to be a doctor, but he ( ) their wishes and became a painter.

**1** got over     **2** went against    **3** took over    **4** went through

**(13)** The police are sure that Bill had something to ( ) with the robbery.

**1** do        **2** take       **3** set        **4** put

**(14)** *A:* It's very hot today! Let's go swimming.

    *B:* I'm sorry, but I don't ( ) going out today. I have a headache.

**1** put on      **2** head for     **3** take after    **4** feel like

**(15)** *A:* Do you mind writing ( ) your name and address for me?

    *B:* Certainly not. Let's keep in contact with each other.

**1** down       **2** up         **3** over       **4** under

Day 1
Day 2
Day 3
Day 4
Day 5
Day 6
Day 7

次の四つの会話文を完成させるために，*(16)* から *(20)* に入るものとして最も適切なものを**1**，**2**，**3**，**4**の中から一つ選び，その番号を解答用紙の所定欄にマークしなさい。

---

*(16)*   **A:**   Excuse me. Can you help me?

        **B:**   Sure. What can I do for you?

        **A:**   Can you tell me (   *16*   )?

        **B:**   The vending machine? Just put your money in here and the can should come out from the bottom.

        **1**   how to get to the mall

        **2**   which drink you like

        **3**   where I should go

        **4**   how to use this

*(17)*   **A:**   Hello, John? Meg speaking. Where are you?

        **B:**   Sorry, Meg. There's a traffic jam, so I'll be late.

        **A:**   What happened? (   *17*   )

        **B:**   No. They're doing some road construction.

        **1**   The road is under construction, isn't it?

        **2**   Could you tell me the reason?

        **3**   You would be late for the party.

        **4**   Was there an accident or something?

*(18)*   **A:**   What did you think of the movie we saw last night?

        **B:**   I really loved it. How about you?

        **A:**   (   *18*   ), nothing but computer graphics.

        **B:**   Well, I found it very enjoyable. I'm interested in computer graphics.

        **1**   I thought it was fantastic

        **2**   I haven't seen it

        **3**   I thought it was boring

        **4**   I'd like to see it again

*A:* How are you, Helen?

*B:* Fine, thank you. (    *19*    )

*A:* No, I've been busy at the office. But I'm going to take a vacation next week.

*B:* Where are you going?

*A:* I'm going to Australia.

*B:* That's great. (    *20*    )

*A:* No, I'm taking my family with me.

*B:* How I envy you! Anyway, enjoy yourselves.


*(19)*   **1**  You seem to be very busy now.

     **2**  Have you been away on holiday?

     **3**  What are you going to do on holiday?

     **4**  How are you getting along?


*(20)*   **1**  Are you planning to go swimming?

     **2**  Would you like to go with your family?

     **3**  Does your wife know it?

     **4**  Are you going alone?

Day 1
Day 2
Day 3
Day 4
Day 5
Day 6
Day 7

次の英文を読み，その文意にそって *(21)* と *(22)* の（　　　）に入れるのに最も適切なものを **1**，**2**，**3**，**4** の中から一つ選び，その番号を解答用紙の所定欄にマークしなさい。

# Hiroshi's Swimming

Hiroshi loves to swim. When he was a primary school student, he was impressed by a swimmer's performance in the Olympic Games, and he started going to a swimming school. He practiced hard every week. He ( *21* ) in his primary school. His parents were also happy to hear that he had become the best swimmer in his school.

When he entered his junior high school, Hiroshi belonged to the swimming club at his school. He thought he would be the fastest swimmer, but his classmate Jun swam much faster than he did. Jun became the focus of everyone's attention, so Hiroshi lost his confidence and motivation for swimming. One day, he went to a swimming pool with his family. He swam without thinking anything, and then realized he ( *22* ). After that, he came to enjoy practicing at the swimming club and competing with Jun.

---

*(21)*　**1** was the fastest swimmer　　**2** became class president
　　　　**3** concentrated on study　　　　**4** cleaned the swimming pool

*(22)*　**1** didn't like cold water　　　　**2** wanted to quit the club
　　　　**3** had forgotten how to swim　　**4** really loved swimming

# MEMO

次の英文 A, B の内容に関して，(23)から(29)までの質問に対して最も適切なもの，または文を完成させるのに最も適切なものを 1，2，3，4 の中から一つ選び，その番号を解答用紙の所定欄にマークしなさい。

From: Henry Smith <henrysmith@mercury.ne.org>
To: Kaori Hata <kaori-h@globelink.or.jp>
Date: June 12
Subject: Welcome to our city

------------------------------------------------------------------------

Dear Kaori,

My wife Jenny and I, Henry Smith, are pleased to be your host family during your visit to America. We are each 62 years old, and come from South Africa. We lived 8 years in Tokyo when we were young and since 1989 we have been in America. I am a dress designer, having my own office and a staff of eight. Jenny is semi-retired, so she looks after the house. She is a good housewife.

We live in Madison, which is the capital city of Wisconsin with a population of around 400,000. It is located 142 miles northwest of Chicago, and has access to several beautiful lakes and the Mississippi River. Most tourists visit the Wisconsin State Capitol Building and the State Historical Museum. In summer the climate is quite warm, though in winter it is extremely cold. I sent you a video of Madison and photographs of Jenny and myself by air mail yesterday.

By the way, if your family wishes to come to Madison during your visit, they are welcome to stay with us. We can take a tour around the city. We can also go to all the nice restaurants here and have delicious local dishes together. Let us know what your parents think about the idea.

Sincerely,

Henry Smith

*(23)* What is true about Henry and Jenny?

    **1** They have lived in Tokyo since 1989.

    **2** They will be Kaori's host family.

    **3** They work in the same office.

    **4** They are planning to visit South Africa.

*(24)* Henry says that

    **1** Madison is one of the biggest cities in South Africa.

    **2** many people come to Madison to take photographs.

    **3** the climate in Madison is mild throughout the year.

    **4** there are some beautiful lakes in Madison.

*(25)* What does Henry suggest doing?

    **1** Cooking local dishes at the restaurant.

    **2** Taking a tour around the city with Kaori's family.

    **3** Visiting Kaori's house with his wife.

    **4** Asking Kaori's parents what food they like.

Day 1

Day 2

Day 3

Day 4

Day 5

Day 6

Day 7

# Measuring Time

We talk about time every day. We measure it by the second, minute, hour, day, week, month, and year. But what is time? No one can say exactly what it is. It is one of the greatest mysteries of our lives. We don't know exactly what time is, but our ability to measure it is very important. It makes our way of life possible. All the members of a group have to measure time in the same way. Time lets us put things in a definite order. We know that breakfast comes before lunch. Children can't play until school is over. Time enables us to organize our lives.

The earliest people saw changes around them. They saw day and night, the changes of the moon, and the seasons. They started measuring their lives by these changes. Then people started inventing clocks. It is said the Chinese invented a water clock in the eleventh century BC. As water dripped from one container to another, it measured the passing time.

Clocks, as we know them, were developed in Europe during the thirteenth to fourteenth century. In the late 1600s, people had clocks and watches that were accurate to the minute. Some clocks were beautiful and had very complicated moving parts. Some had figures of people or animals that moved on the hour or quarter hour. Others played music. The movement of the parts is very beautiful to watch when you open these clocks.

People in different countries look at time differently. In some countries not being late and organizing everything by exact time is very important. In other countries people are more relaxed about time. In fact, people there might consider it rude if you are exactly on time. It is important for us to learn that the way we think about time is not always true to others.

*(26)* Time makes it possible for us
  **1** to solve mysteries around us.
  **2** to put our lives in order.
  **3** to talk about what time it is.
  **4** to have breakfast every day.

*(27)* How did the earliest people start measuring their lives?
  **1** By the changes around them.
  **2** By inventing a water clock.
  **3** By the drips of water.
  **4** By making tools of wood.

*(28)* What happened in the late 1600s?
  **1** People in Europe started to play music with clocks.
  **2** Some clocks became less beautiful than before.
  **3** Most people learned how to make moving parts.
  **4** Very accurate clocks became available.

*(29)* We need to know that
  **1** it is relaxing when we are with people from different countries.
  **2** it can be rude if we act exactly on time.
  **3** we don't have to organize things in any country.
  **4** being on time is always important throughout the world.

Day 1
Day 2
Day 3
Day 4
Day 5
Day 6
Day 7

● あなたは，外国人の知り合い（Chris）から，Eメールで質問を受け取りました。この質問に わかりやすく答える返信メールを，[    ]に英文で書きなさい。
● あなたが書く返信メールの中で，ChrisのEメール文中の下線部について，あなたがより理 解を深めるために，下線部の特徴を問う具体的な質問を2つしなさい。
● あなたが書く返信メールの中で[    ]に書く英文の語数の目安は40語～50語です。
● 解答は，解答用紙の裏面にあるEメール解答欄に書きなさい。なお，解答欄の外に書かれた ものは採点されません。
● 解答がChrisのEメールに対応していないと判断された場合は，0点と採点されることがあ ります。ChrisのEメールの内容をよく読んでから答えてください。
● [    ]の下のBest wishes, の後にあなたの名前を書く必要はありません。

---

Hi!

Guess what! I started a part-time job at a supermarket in my town. My sister also works there, so we go together. The people who work there are very friendly. I'll show you where I work when you visit me next weekend. I like my job, but I have to remember many things. I sometimes make mistakes, and that makes the customers unhappy. Do you think it's a good idea for students to have part-time jobs?

Your friend,
Chris

---

Hi, Chris!

Thank you for your e-mail.

解答欄に記入しなさい。

Best wishes,

---

# 6 ライティング（英作文）

●あなたは，外国人の知り合いから以下の**QUESTION**をされました。

●**QUESTION**について，あなたの意見とその<u>理由を2つ</u>英文で書きなさい。

●語数の目安は50語〜60語です。

●解答は，解答用紙の裏面にある英作文解答欄に書きなさい。なお，<u>解答欄の外に書かれたものは採点されません。</u>

●解答が**QUESTION**に対応していないと判断された場合は，<u>0点と採点されることがあります。</u>**QUESTION**をよく読んでから答えてください。

## QUESTION
*Do you think people will stop sending New Year's cards in the future?*

Day 1
Day 2
Day 3
Day 4
Day 5
Day 6
Day 7

# Listening Test

**第*1*部**　◀») 100～110

---

*No. 1* ～ *No. 10* （選択肢はすべて放送されます。）

**第*2*部**　◀») 111～121

---

*No. 11*　1 It's his mother's birthday.
2 He has an important test the next day.
3 He has too much homework.
4 His mother has already fixed dinner.

*No. 12*　1 Walking a dog on the grass is banned.
2 Dogs are not allowed in the park.
3 Everyone should keep off the grass.
4 Dog owners must carry a plastic bag.

*No. 13*　1 Visit a famous temple.
2 Watch a video about pandas.
3 Buy a guidebook in the zoo.
4 Go to the fish market first.

*No. 14*
1 He was out of town.
2 He caught a bad cold.
3 He went to the dentist.
4 He had a toothache.

*No. 15*
1 He got the lowest score in the class.
2 He scored 38 points.
3 He got the highest score in the class.
4 He scored over 40 points.

*No. 16*
1 There isn't any left.
2 It does not taste good.
3 There is pork in it.
4 It is not warm enough.

*No. 17*
1 See the big bears.
2 Take some photographs.
3 Cancel the guided tour.
4 Take a long sleep.

*No. 18*
1 Go to a concert.
2 Go to a museum.
3 Call Mike back.
4 Meet Mike at a museum.

*No. 19*
1 Wait for the next train.
2 Take this train.
3 Miss the lecture.
4 Be late for the lecture.

*No. 20*
1 Go to America to meet her friend.
2 Study in America for one year.
3 Work at an American company.
4 Study at the same school for one more year.

Day 1
Day 2
Day 3
Day 4
Day 5
Day 6
Day 7

| No. 21 | **1** Take a cooking class. |
| | **2** Teach students Japanese cooking. |
| | **3** Go to Japan. |
| | **4** Go out to a Japanese restaurant. |

| No. 22 | **1** She got an email from a stranger. |
| | **2** Her letter didn't arrive because of the snow. |
| | **3** Her friend was living in a different season. |
| | **4** It was very cold in Japan. |

| No. 23 | **1** They have recently become popular. |
| | **2** They have many different names. |
| | **3** They do not have any seeds. |
| | **4** They are not true berries. |

| No. 24 | **1** He forgot to meet Mary. |
| | **2** He lost his wallet. |
| | **3** He locked his key in the car. |
| | **4** He had no money when he met Mary. |

| No. 25 | **1** They are being discounted. |
| | **2** They are being moved to another section. |
| | **3** They have just sold out. |
| | **4** They will be 20% off tomorrow. |

| No. 26 | **1** Play their last basketball game. |
| | **2** Take part in the basketball finals. |
| | **3** Take pictures for the yearbook. |
| | **4** Invite other teams to their school. |

| No. 27 | **1** Visit Okinawa. |
| | **2** Go on a trip to Nagano. |
| | **3** Relax in a hot spring. |
| | **4** Invite a friend from Okinawa. |

| No. 28 | **1** He researches how to use robots. |
| | **2** He sells robots to elderly people. |
| | **3** He cures people's mental problems. |
| | **4** He gives lectures at University of New Mexico. |

| No. 29 | **1** They are an ancient creature. |
| | **2** They eat colorful plants. |
| | **3** Males are seldom discovered. |
| | **4** Females live for a couple of years. |

| No. 30 | **1** She shares a room with Liam. |
| | **2** She has to help Liam study. |
| | **3** Liam stays up late at night. |
| | **4** Liam uses Lisa's desk. |

Day 1
Day 2
Day 3
Day 4
Day 5
Day 6
Day 7

# 準2級の面接（スピーキングテスト）はどんなテスト？

準2級の面接試験は約6分間で行われます。
まず，全体の流れについてp.10の「試験形式と攻略法」で確認しましょう。
各所のポイントをおさえておくと落ち着いて試験に臨めます。

## 1 音読→文章に関する質問（No. 1）

### ▶20秒間の黙読

　入室して氏名と受験級の確認，How are you? などの簡単なあいさつが終わると，問題カードを渡されて，文章を20秒間黙読するように指示されます。まず，タイトルを見て，文章のトピックをつかみましょう。黙読するときには，全体の意味をつかむことを目標にします。文章は，ほとんどの場合，〈現状の説明〉→〈新しい動き〉→〈今後の見込み〉という流れで進んでいくことを覚えておくとポイントをおさえながら意味がとれます。

### ▶音読：発音・イントネーション・意味の区切り

　黙読が終わると音読です。個々の単語の発音やアクセントが重要なことは言うまでもありませんが，意外に忘れがちなのが意味の区切りです。音読では，速く読む必要はありません。意味の区切りに注意しながら，はっきりした声で，ていねいに読んでいくようにしましょう。

### ▶No. 1では質問されている箇所をすばやく見つける

　音読が終わると文章に関する質問が出されます。まず，質問を聞き取り，質問されている箇所がどこなのかを見つけましょう。多くの場合，so や by doing so や in this way の後の部分が質問になっています。答えるときには主語の部分を代名詞に変えることも忘れないようにしましょう。

## 2 イラスト説明（No. 2 / No. 3）

### ▶No. 2 (Picture A) は現在進行形で

　5つの動作を説明します。すべて，A boy [A girl / A man / A woman] is *doing* ～. などの形で説明します。現在進行形のbe動詞は，強く発音する必要はありませんが，落とさないように気をつけましょう。

### ▶No. 3 (Picture B) の説明すべきポイントは2つ

　Picture Bでは説明すべき点が2つあります。イラストにはメインの動作の他に吹き出しがあり，その人物の考えなどがイラストで示されていますので，その両方を説明するようにしましょう。

## 3 自分の考えを説明する：一般的な質問（No. 4）

### ▶ ペアクエスチョン

　イラスト問題の後，カードを裏返して置くように指示されます。No. 4ではカードのトピックに関連した内容が，Do you think it is a good idea to do ～?「～するのは良い考えだと思いますか」などと質問されますから，まず，Yes / No で答えて自分の立場を明らかにします。その後で，Why? / Why not? と理由が聞かれます。

### ▶ 理由は2文程度で

　理由は1文で終わるのではなく，2文程度で答えましょう。2つ目の文の前に，Also「また」（他の理由を述べる）や For example「例えば」（前で言ったことの例を挙げる）などを使うと，論理的で説得力ある理由になります。

　No. 4は個人的ではなく一般的な質問であることにも注意しましょう。例えば，Do you think more Japanese will study abroad in the future?「今後留学する日本人が増えると思いますか」という質問のときに，Yes. と答えた後，I studied in England last year. It was a good experience for me.「私は昨年イングランドで勉強しました。それは私にとって良い経験でした」だけでは，個人的な体験を述べたにすぎず，日本人留学生が増加すると考える理由にはなっていません。

## 4 自分のことを説明する：個人的な質問（No. 5）

### ▶ 自分のことを説明する

　最後は，現在の社会の状況が Today, many people ～.「今日，多くの人が～します」などと説明された後で，Do you ～?「あなたは～しますか」と自分のことについて質問されます。この質問も，No. 4と同様，ペアクエスチョンです。

### ▶ よく使える表現

　Yes. の場合には，Last Sunday I went to ～.「この前の日曜日，私は～へ行きました」などと，自分の経験を話してもよいでしょう。No. の場合には，I have no time to do ～.「私は～する時間がありません」や Doing ～ is expensive.「～するのは高価です」などの表現が幅広い質問に対して使えます。

## 5 アティチュードなど

### ▶ 聞き取れなかった場合には？

　質問が聞き取れなかった場合には，I beg your pardon? などと言って，もう一度質問を繰り返してもらいましょう。自然な聞き返しであれば減点されることはありません。

### ▶ 積極的にコミュニケーションをとろうとする態度とは？

　面接ではコミュニケーションの態度もアティチュードとして採点されます。質問には，はきはきと適度な声量で答えるようにしましょう。また，問題カードを裏返すように指示された後のNo. 4やNo. 5では，アイコンタクトが重要です。面接委員の目をしっかりと見て，友好的な態度で面接に臨みたいものです。

Day
1

Day
2

Day
3

Day
4

Day
5

Day
6

Day
7

# 面接（スピーキングテスト）

試験時間　面接約6分

スピーキングテスト
対策はこちら ▶ ▶ ▶

🔊 **133〜137**

## 問題カードＡ

### Hot Towels

In Japan, many restaurants give customers wet hand towels. Some of them are hot towels. Customers are offered hot towels before meals, so they can clean their hands and mouths anytime. This practice is gaining attention outside of Japan. Recently, even foreign airlines have begun giving hot towels to their passengers.

A

B

# Questions

*No. 1*  According to the passage, why can customers clean their hands and mouths anytime?

*No. 2*  Now, please look at the people in Picture A. They are doing different things. Tell me as much as you can about what they are doing.

*No. 3*  Now, look at the man in Picture B. Please describe the situation.

Now, Mr. / Ms. ____ , please turn over the card and put it down.

*No. 4*  Do you think people will eat out more regularly in the future?
Yes. → Why?
No.  → Why not?

*No. 5*  Today, there are many cooking programs on TV. Do you watch cooking programs on TV?
Yes. → Please tell me more.
No.  → Why not?

Day
1
Day
2
Day
3
Day
4
Day
5
Day
6
Day
7

**問題カードB**

# Electronic Blackboards

In Japanese schools, most teachers use blackboards or whiteboards while teaching a class. Recently, some schools have begun using electronic blackboards. Teachers show pictures and videos about the subject using electronic blackboards, and by doing so, they help students understand the subject better. Technology is changing learning and teaching styles.

A

B

# Questions

*No. 1*    According to the passage, how do teachers help students understand the subject better?

*No. 2*    Now, please look at the people in Picture A. They are doing different things. Tell me as much as you can about what they are doing.

*No. 3*    Now, look at the girl in Picture B. Please describe the situation.

Now, Mr. / Ms. _____, please turn over the card and put it down.

*No. 4*    Do you think schools should have more classes to help students learn about computers?
Yes. → Why?
No.  → Why not?

*No. 5*    These days, many people take photos with their smartphones. Do you often take photos with your smartphone?
Yes. → Please tell me more.
No.  → Why not?

Day 1
Day 2
Day 3
Day 4
Day 5
Day 6
Day 7

# MEMO

# Day 1　解答用紙（準2級）

**筆記解答欄**

| 問題番号 | | 1 2 3 4 |
|---|---|---|
| 1 | (1) | ① ② ③ ④ |
| | (2) | ① ② ③ ④ |
| | (3) | ① ② ③ ④ |
| | (4) | ① ② ③ ④ |
| | (5) | ① ② ③ ④ |
| | (6) | ① ② ③ ④ |
| | (7) | ① ② ③ ④ |
| | (8) | ① ② ③ ④ |
| | (9) | ① ② ③ ④ |
| | (10) | ① ② ③ ④ |
| | (11) | ① ② ③ ④ |
| | (12) | ① ② ③ ④ |
| | (13) | ① ② ③ ④ |
| | (14) | ① ② ③ ④ |
| | (15) | ① ② ③ ④ |

**筆記解答欄**

| 問題番号 | | 1 2 3 4 |
|---|---|---|
| 2 | (16) | ① ② ③ ④ |
| | (17) | ① ② ③ ④ |
| | (18) | ① ② ③ ④ |
| | (19) | ① ② ③ ④ |
| | (20) | ① ② ③ ④ |
| 3 | (21) | ① ② ③ ④ |
| | (22) | ① ② ③ ④ |
| 4 | (23) | ① ② ③ ④ |
| | (24) | ① ② ③ ④ |
| | (25) | ① ② ③ ④ |
| | (26) | ① ② ③ ④ |
| | (27) | ① ② ③ ④ |
| | (28) | ① ② ③ ④ |
| | (29) | ① ② ③ ④ |

**リスニング解答欄**

| 問題番号 | | 1 2 3 4 |
|---|---|---|
| 第1部 | No.1 | ① ② ③ |
| | No.2 | ① ② ③ |
| | No.3 | ① ② ③ |
| | No.4 | ① ② ③ |
| | No.5 | ① ② ③ |
| | No.6 | ① ② ③ |
| | No.7 | ① ② ③ |
| | No.8 | ① ② ③ |
| | No.9 | ① ② ③ |
| | No.10 | ① ② ③ |
| 第2部 | No.11 | ① ② ③ ④ |
| | No.12 | ① ② ③ ④ |
| | No.13 | ① ② ③ ④ |
| | No.14 | ① ② ③ ④ |
| | No.15 | ① ② ③ ④ |
| | No.16 | ① ② ③ ④ |
| | No.17 | ① ② ③ ④ |
| | No.18 | ① ② ③ ④ |
| | No.19 | ① ② ③ ④ |
| | No.20 | ① ② ③ ④ |
| 第3部 | No.21 | ① ② ③ ④ |
| | No.22 | ① ② ③ ④ |
| | No.23 | ① ② ③ ④ |
| | No.24 | ① ② ③ ④ |
| | No.25 | ① ② ③ ④ |
| | No.26 | ① ② ③ ④ |
| | No.27 | ① ② ③ ④ |
| | No.28 | ① ② ③ ④ |
| | No.29 | ① ② ③ ④ |
| | No.30 | ① ② ③ ④ |

## ※ 5 と 6 の解答欄は裏面にあります。

**裏面記入上の注意**

・太枠に囲まれた部分のみが採点の対象です。

・指示事項を守り、文字は、はっきりと分かりやすく、濃く、書いてください。

・数字の1と小文字のl（エル）、数字の2とZ（ゼット）など似ている文字は、
　判別できるよう書いてください。

・消しゴムで消す場合は、消しくず、消し残しがないようしっかりと消してください。

・解答が英語以外の言語を用いている、質問と関係がない、テストの趣旨に反す
　ると判断された場合、0点と採点される可能性があります。

**6 英作文解答欄**

語数の目安は 50 ～ 60 語です。

5

10

15

**5 E メール解答欄**

語数の目安は 40 ～ 50 語です。

5

10

15

# Day 2 解答用紙（準2級）

## 筆記解答欄

| 問題番号 | 1 2 3 4 |
|:---:|:---:|
| (1) | ① ② ③ ④ |
| (2) | ① ② ③ ④ |
| (3) | ① ② ③ ④ |
| (4) | ① ② ③ ④ |
| (5) | ① ② ③ ④ |
| (6) | ① ② ③ ④ |
| (7) | ① ② ③ ④ |
| 1 (8) | ① ② ③ ④ |
| (9) | ① ② ③ ④ |
| (10) | ① ② ③ ④ |
| (11) | ① ② ③ ④ |
| (12) | ① ② ③ ④ |
| (13) | ① ② ③ ④ |
| (14) | ① ② ③ ④ |
| (15) | ① ② ③ ④ |

## 筆記解答欄

| 問題番号 | 1 2 3 4 |
|:---:|:---:|
| (16) | ① ② ③ ④ |
| (17) | ① ② ③ ④ |
| 2 (18) | ① ② ③ ④ |
| (19) | ① ② ③ ④ |
| (20) | ① ② ③ ④ |
| 3 (21) | ① ② ③ ④ |
| (22) | ① ② ③ ④ |
| (23) | ① ② ③ ④ |
| (24) | ① ② ③ ④ |
| (25) | ① ② ③ ④ |
| 4 (26) | ① ② ③ ④ |
| (27) | ① ② ③ ④ |
| (28) | ① ② ③ ④ |
| (29) | ① ② ③ ④ |

## リスニング解答欄

| 問題番号 | 1 2 3 4 |
|:---:|:---:|
| No.1 | ① ② ③ |
| No.2 | ① ② ③ |
| No.3 | ① ② ③ |
| No.4 | ① ② ③ |
| 第1部 No.5 | ① ② ③ |
| No.6 | ① ② ③ |
| No.7 | ① ② ③ |
| No.8 | ① ② ③ |
| No.9 | ① ② ③ |
| No.10 | ① ② ③ |
| No.11 | ① ② ③ ④ |
| No.12 | ① ② ③ ④ |
| No.13 | ① ② ③ ④ |
| No.14 | ① ② ③ ④ |
| 第2部 No.15 | ① ② ③ ④ |
| No.16 | ① ② ③ ④ |
| No.17 | ① ② ③ ④ |
| No.18 | ① ② ③ ④ |
| No.19 | ① ② ③ ④ |
| No.20 | ① ② ③ ④ |
| No.21 | ① ② ③ ④ |
| No.22 | ① ② ③ ④ |
| No.23 | ① ② ③ ④ |
| No.24 | ① ② ③ ④ |
| 第3部 No.25 | ① ② ③ ④ |
| No.26 | ① ② ③ ④ |
| No.27 | ① ② ③ ④ |
| No.28 | ① ② ③ ④ |
| No.29 | ① ② ③ ④ |
| No.30 | ① ② ③ ④ |

## ※ 5 と 6 の解答欄は裏面にあります。

切り取り線

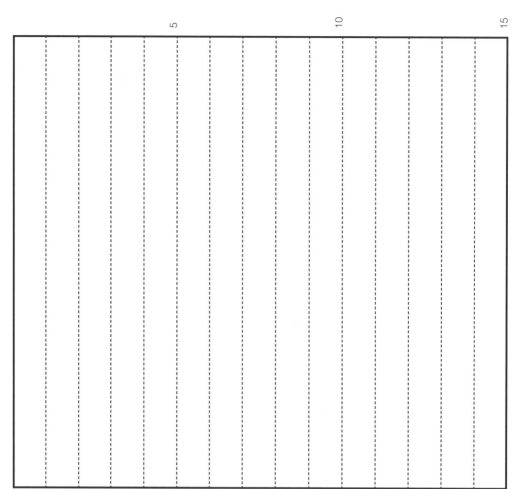

**6 英作文解答欄**

語数の目安は 50 〜 60 語です。

5

10

15

**5 Eメール解答欄**

語数の目安は 40 〜 50 語です。

5

10

15

切り取り線

# Day 3 解答用紙（準2級）

**注意事項**

①解答には HB の黒鉛筆（シャープペンシルも可）を使用し、解答を訂正する場合には消しゴムで完全に消してください。

②解答用紙は絶対に汚したり折り曲げたり、所定以外のところへの記入はしないでください。

③マーク例

| 良い例 | 悪い例 |
|---|---|

◯ これ以下の濃さのマークは読めません。

| 筆記解答欄 | | | 筆記解答欄 | | | リスニング解答欄 | |
|---|---|---|---|---|---|---|---|

| 問題番号 | 1 2 3 4 |
|---|---|
| 1 | (1) ① ② ③ ④ |
| | (2) ① ② ③ ④ |
| | (3) ① ② ③ ④ |
| | (4) ① ② ③ ④ |
| | (5) ① ② ③ ④ |
| | (6) ① ② ③ ④ |
| | (7) ① ② ③ ④ |
| | (8) ① ② ③ ④ |
| | (9) ① ② ③ ④ |
| | (10) ① ② ③ ④ |
| | (11) ① ② ③ ④ |
| | (12) ① ② ③ ④ |
| | (13) ① ② ③ ④ |
| | (14) ① ② ③ ④ |
| | (15) ① ② ③ ④ |

| 問題番号 | 1 2 3 4 |
|---|---|
| 2 | (16) ① ② ③ ④ |
| | (17) ① ② ③ ④ |
| | (18) ① ② ③ ④ |
| | (19) ① ② ③ ④ |
| | (20) ① ② ③ ④ |
| 3 | (21) ① ② ③ ④ |
| | (22) ① ② ③ ④ |
| 4 | (23) ① ② ③ ④ |
| | (24) ① ② ③ ④ |
| | (25) ① ② ③ ④ |
| | (26) ① ② ③ ④ |
| | (27) ① ② ③ ④ |
| | (28) ① ② ③ ④ |
| | (29) ① ② ③ ④ |

| | 問題番号 | 1 2 3 4 |
|---|---|---|
| 第1部 | No.1 | ① ② ③ |
| | No.2 | ① ② ③ |
| | No.3 | ① ② ③ |
| | No.4 | ① ② ③ |
| | No.5 | ① ② ③ |
| | No.6 | ① ② ③ |
| | No.7 | ① ② ③ |
| | No.8 | ① ② ③ |
| | No.9 | ① ② ③ |
| | No.10 | ① ② ③ |
| 第2部 | No.11 | ① ② ③ ④ |
| | No.12 | ① ② ③ ④ |
| | No.13 | ① ② ③ ④ |
| | No.14 | ① ② ③ ④ |
| | No.15 | ① ② ③ ④ |
| | No.16 | ① ② ③ ④ |
| | No.17 | ① ② ③ ④ |
| | No.18 | ① ② ③ ④ |
| | No.19 | ① ② ③ ④ |
| | No.20 | ① ② ③ ④ |
| 第3部 | No.21 | ① ② ③ ④ |
| | No.22 | ① ② ③ ④ |
| | No.23 | ① ② ③ ④ |
| | No.24 | ① ② ③ ④ |
| | No.25 | ① ② ③ ④ |
| | No.26 | ① ② ③ ④ |
| | No.27 | ① ② ③ ④ |
| | No.28 | ① ② ③ ④ |
| | No.29 | ① ② ③ ④ |
| | No.30 | ① ② ③ ④ |

# Day 4　解答用紙（準2級）

**注意事項**

①解答にはHBの黒鉛筆（シャープペンシルも可）を使用し、解答を訂正する場合には消しゴムで完全に消してください。

②解答用紙は絶対に汚したり折り曲げたり、所定以外のところへの記入はしないでください。

③マーク例

| 良い例 | 悪い例 |
|---|---|
| ● | ◐ ⊗ ◖ |

◑ これ以下の濃さのマークは読めません。

### 筆記解答欄

| 問題番号 | 1 2 3 4 |
|---|---|
| 1 | (1) ① ② ③ ④ |
| | (2) ① ② ③ ④ |
| | (3) ① ② ③ ④ |
| | (4) ① ② ③ ④ |
| | (5) ① ② ③ ④ |
| | (6) ① ② ③ ④ |
| | (7) ① ② ③ ④ |
| | (8) ① ② ③ ④ |
| | (9) ① ② ③ ④ |
| | (10) ① ② ③ ④ |
| | (11) ① ② ③ ④ |
| | (12) ① ② ③ ④ |
| | (13) ① ② ③ ④ |
| | (14) ① ② ③ ④ |
| | (15) ① ② ③ ④ |

### 筆記解答欄

| 問題番号 | 1 2 3 4 |
|---|---|
| 2 | (16) ① ② ③ ④ |
| | (17) ① ② ③ ④ |
| | (18) ① ② ③ ④ |
| | (19) ① ② ③ ④ |
| | (20) ① ② ③ ④ |
| 3 | (21) ① ② ③ ④ |
| | (22) ① ② ③ ④ |
| 4 | (23) ① ② ③ ④ |
| | (24) ① ② ③ ④ |
| | (25) ① ② ③ ④ |
| | (26) ① ② ③ ④ |
| | (27) ① ② ③ ④ |
| | (28) ① ② ③ ④ |
| | (29) ① ② ③ ④ |

### リスニング解答欄

| 問題番号 | 1 2 3 4 |
|---|---|
| 第1部 No.1 | ① ② ③ |
| No.2 | ① ② ③ |
| No.3 | ① ② ③ |
| No.4 | ① ② ③ |
| No.5 | ① ② ③ |
| No.6 | ① ② ③ |
| No.7 | ① ② ③ |
| No.8 | ① ② ③ |
| No.9 | ① ② ③ |
| No.10 | ① ② ③ |
| 第2部 No.11 | ① ② ③ ④ |
| No.12 | ① ② ③ ④ |
| No.13 | ① ② ③ ④ |
| No.14 | ① ② ③ ④ |
| No.15 | ① ② ③ ④ |
| No.16 | ① ② ③ ④ |
| No.17 | ① ② ③ ④ |
| No.18 | ① ② ③ ④ |
| No.19 | ① ② ③ ④ |
| No.20 | ① ② ③ ④ |
| 第3部 No.21 | ① ② ③ ④ |
| No.22 | ① ② ③ ④ |
| No.23 | ① ② ③ ④ |
| No.24 | ① ② ③ ④ |
| No.25 | ① ② ③ ④ |
| No.26 | ① ② ③ ④ |
| No.27 | ① ② ③ ④ |
| No.28 | ① ② ③ ④ |
| No.29 | ① ② ③ ④ |
| No.30 | ① ② ③ ④ |

## ※ 5 と 6 の解答欄は裏面にあります。

**裏面記入上の注意**

・太枠に囲まれた部分のみが採点の対象です。

・指示事項を守り、文字は、はっきりと分かりやすく、濃く、書いてください。

・数字の1と小文字のl（エル）、数字の2とZ（ゼット）など似ている文字は、判別できるよう書いてください。

・消しゴムで消す場合は、消しくず、消し残しがないようしっかりと消してください。

・解答が英語以外の言語を用いている、質問と関係がない、テストの趣旨に反すると判断された場合、0点と採点される可能性があります。

切り取り線

## 6 英作文解答欄

語数の目安は 50 ～ 60 語です。

## 5 Eメール解答欄

語数の目安は 40 ～ 50 語です。

切り取り線

# Day 5　解答用紙（準2級）

切り取り線

## 筆記解答欄

| 問題番号 | 1 2 3 4 |
|:---:|:---:|
| 1 | |
| (1) | ① ② ③ ④ |
| (2) | ① ② ③ ④ |
| (3) | ① ② ③ ④ |
| (4) | ① ② ③ ④ |
| (5) | ① ② ③ ④ |
| (6) | ① ② ③ ④ |
| (7) | ① ② ③ ④ |
| (8) | ① ② ③ ④ |
| (9) | ① ② ③ ④ |
| (10) | ① ② ③ ④ |
| (11) | ① ② ③ ④ |
| (12) | ① ② ③ ④ |
| (13) | ① ② ③ ④ |
| (14) | ① ② ③ ④ |
| (15) | ① ② ③ ④ |

## 筆記解答欄

| 問題番号 | 1 2 3 4 |
|:---:|:---:|
| 2 | |
| (16) | ① ② ③ ④ |
| (17) | ① ② ③ ④ |
| (18) | ① ② ③ ④ |
| (19) | ① ② ③ ④ |
| (20) | ① ② ③ ④ |
| 3 | |
| (21) | ① ② ③ ④ |
| (22) | ① ② ③ ④ |
| (23) | ① ② ③ ④ |
| (24) | ① ② ③ ④ |
| (25) | ① ② ③ ④ |
| 4 | |
| (26) | ① ② ③ ④ |
| (27) | ① ② ③ ④ |
| (28) | ① ② ③ ④ |
| (29) | ① ② ③ ④ |

## リスニング解答欄

| 問題番号 | 1 2 3 4 |
|:---:|:---:|
| 第1部 | |
| No.1 | ① ② ③ |
| No.2 | ① ② ③ |
| No.3 | ① ② ③ |
| No.4 | ① ② ③ |
| No.5 | ① ② ③ |
| No.6 | ① ② ③ |
| No.7 | ① ② ③ |
| No.8 | ① ② ③ |
| No.9 | ① ② ③ |
| No.10 | ① ② ③ |
| 第2部 | |
| No.11 | ① ② ③ ④ |
| No.12 | ① ② ③ ④ |
| No.13 | ① ② ③ ④ |
| No.14 | ① ② ③ ④ |
| No.15 | ① ② ③ ④ |
| No.16 | ① ② ③ ④ |
| No.17 | ① ② ③ ④ |
| No.18 | ① ② ③ ④ |
| No.19 | ① ② ③ ④ |
| No.20 | ① ② ③ ④ |
| 第3部 | |
| No.21 | ① ② ③ ④ |
| No.22 | ① ② ③ ④ |
| No.23 | ① ② ③ ④ |
| No.24 | ① ② ③ ④ |
| No.25 | ① ② ③ ④ |
| No.26 | ① ② ③ ④ |
| No.27 | ① ② ③ ④ |
| No.28 | ① ② ③ ④ |
| No.29 | ① ② ③ ④ |
| No.30 | ① ② ③ ④ |

# Day 6 解答用紙（準2級）

**注意事項**

①解答にはHBの黒鉛筆（シャープペンシルも可）を使用し、解答を訂正する場合には消しゴムで完全に消してください。

②解答用紙は絶対に汚したり折り曲げたり、所定以外のところへの記入はしないでください。

③マーク例

| 良い例 | 悪い例 |
|---|---|
| ● | ⊙ ⊗ ◎ |

 これ以下の濃さのマークは読めません。

## 筆記解答欄

| 問題番号 | | 1 2 3 4 |
|---|---|---|
| 1 | (1) | ① ② ③ ④ |
| | (2) | ① ② ③ ④ |
| | (3) | ① ② ③ ④ |
| | (4) | ① ② ③ ④ |
| | (5) | ① ② ③ ④ |
| | (6) | ① ② ③ ④ |
| | (7) | ① ② ③ ④ |
| | (8) | ① ② ③ ④ |
| | (9) | ① ② ③ ④ |
| | (10) | ① ② ③ ④ |
| | (11) | ① ② ③ ④ |
| | (12) | ① ② ③ ④ |
| | (13) | ① ② ③ ④ |
| | (14) | ① ② ③ ④ |
| | (15) | ① ② ③ ④ |

## 筆記解答欄

| 問題番号 | | 1 2 3 4 |
|---|---|---|
| 2 | (16) | ① ② ③ ④ |
| | (17) | ① ② ③ ④ |
| | (18) | ① ② ③ ④ |
| | (19) | ① ② ③ ④ |
| | (20) | ① ② ③ ④ |
| 3 | (21) | ① ② ③ ④ |
| | (22) | ① ② ③ ④ |
| 4 | (23) | ① ② ③ ④ |
| | (24) | ① ② ③ ④ |
| | (25) | ① ② ③ ④ |
| | (26) | ① ② ③ ④ |
| | (27) | ① ② ③ ④ |
| | (28) | ① ② ③ ④ |
| | (29) | ① ② ③ ④ |

## リスニング解答欄

| 問題番号 | | 1 2 3 4 |
|---|---|---|
| 第1部 | No.1 | ① ② ③ |
| | No.2 | ① ② ③ |
| | No.3 | ① ② ③ |
| | No.4 | ① ② ③ |
| | No.5 | ① ② ③ |
| | No.6 | ① ② ③ |
| | No.7 | ① ② ③ |
| | No.8 | ① ② ③ |
| | No.9 | ① ② ③ |
| | No.10 | ① ② ③ |
| 第2部 | No.11 | ① ② ③ ④ |
| | No.12 | ① ② ③ ④ |
| | No.13 | ① ② ③ ④ |
| | No.14 | ① ② ③ ④ |
| | No.15 | ① ② ③ ④ |
| | No.16 | ① ② ③ ④ |
| | No.17 | ① ② ③ ④ |
| | No.18 | ① ② ③ ④ |
| | No.19 | ① ② ③ ④ |
| | No.20 | ① ② ③ ④ |
| 第3部 | No.21 | ① ② ③ ④ |
| | No.22 | ① ② ③ ④ |
| | No.23 | ① ② ③ ④ |
| | No.24 | ① ② ③ ④ |
| | No.25 | ① ② ③ ④ |
| | No.26 | ① ② ③ ④ |
| | No.27 | ① ② ③ ④ |
| | No.28 | ① ② ③ ④ |
| | No.29 | ① ② ③ ④ |
| | No.30 | ① ② ③ ④ |

## ※ 5 と 6 の解答欄は裏面にあります。

**裏面記入上の注意**

・太枠に囲まれた部分のみが採点の対象です。

・指示事項を守り、文字は、はっきりと分かりやすく、濃く、書いてください。

・数字の1と小文字のl（エル）、数字の2とZ（ゼット）など似ている文字は、判別できるよう書いてください。

・消しゴムで消す場合は、消しくず、消し残しがないようしっかりと消してください。

・解答が英語以外の言語を用いている、質問と関係がない、テストの趣旨に反すると判断された場合、0点と採点される可能性があります。

**5　Eメール解答欄**

語数の目安は 40 〜 50 語です。

5

10

15

**6　英作文解答欄**

語数の目安は 50 〜 60 語です。

5

10

15

切り取り線

# 7日間完成

文部科学省後援

# 英検®準2級
# 予想問題ドリル

[6訂版]

## 解答と解説

## Contents 解答と解説

英検®は、公益財団法人 日本英語検定協会の登録商標です。

旺文社

## 筆記試験＆リスニングテスト
# 解答と解説

問題編 p.14〜29

## 筆記

**1**

| 問題 | 1 | 2 | 3 | 4 | 5 | 6 | 7 | 8 | 9 | 10 | 11 | 12 | 13 | 14 | 15 |
|---|---|---|---|---|---|---|---|---|---|---|---|---|---|---|---|
| 解答 | 2 | 4 | 4 | 2 | 3 | 4 | 2 | 1 | 2 | 2 | 2 | 2 | 3 | 3 | 2 |

**2**

| 問題 | 16 | 17 | 18 | 19 | 20 |
|---|---|---|---|---|---|
| 解答 | 2 | 3 | 1 | 4 | 1 |

**3**

| 問題 | 21 | 22 |
|---|---|---|
| 解答 | 3 | 2 |

**4**

| | | *A* | | *B* | | | |
|---|---|---|---|---|---|---|---|
| 問題 | 23 | 24 | 25 | 26 | 27 | 28 | 29 |
| 解答 | 3 | 4 | 1 | 2 | 3 | 3 | 1 |

**5** 解説内にある解答例を参照してください。

**6** 解説内にある解答例を参照してください。

## リスニング

**第1部**

| 問題 | 1 | 2 | 3 | 4 | 5 | 6 | 7 | 8 | 9 | 10 |
|---|---|---|---|---|---|---|---|---|---|---|
| 解答 | 2 | 1 | 1 | 2 | 3 | 1 | 2 | 3 | 2 | 1 |

**第2部**

| 問題 | 11 | 12 | 13 | 14 | 15 | 16 | 17 | 18 | 19 | 20 |
|---|---|---|---|---|---|---|---|---|---|---|
| 解答 | 2 | 3 | 3 | 3 | 2 | 4 | 2 | 3 | 3 | 1 |

**第3部**

| 問題 | 21 | 22 | 23 | 24 | 25 | 26 | 27 | 28 | 29 | 30 |
|---|---|---|---|---|---|---|---|---|---|---|
| 解答 | 3 | 3 | 3 | 2 | 3 | 2 | 4 | 2 | 1 | 3 |

**Day 1**

# 1

**(1)** 解答 **2**

「ブラウンさんはとても一生懸命取り組んだので，1週間でそのレポートを仕上げた」

解説 直後の the report「レポート」と意味的に自然につながるのは**2**。complete は「〜を完成させる，仕上げる」という意味である。**1** connect「〜をつなぐ」，**3** occur「起こる」，**4** close「〜を閉じる」。

**(2)** 解答 **4**

「ケリーは車を売りたいと思い，その価値を知ろうと車のディーラーにそれを持っていった」

解説 車を売りたいと考えているケリーが車をディーラーに持っていったのは「車の価値を知るため」だと考えて，**4**の value「価値」を選ぶ。**1** range「範囲」，**2** appointment「約束，予約」，**3** view「眺め」。

**(3)** 解答 **4**

**A**「ジミー，食事に合わせるには，どのワインを頼もうか」

**B**「特に好みはないよ。君が決めて」

**解説** AはBにどのワインを注文するか尋ねている。空所直後に「君が決めて」とあることから，Bは，特にpreference「好み」はないと考えて，正解は**4**。**1** confidence「自信」，**2** sense「感覚」，**3** insurance「保険」。

**(4)** 解答 **2**

**A**「野球の試合はどうだったの，ジェフ」
**B**「5対2で勝ったよ。それで勝利を祝って盛大にパーティーをしたんだ」
**解説** 直前にあるcelebrate「〜を祝う」に着目して，「私たちの勝利を祝って（祝うために）」という意味になると考えて，**2**のvictory「勝利」を選ぶ。**1** process「過程」，**3** practice「練習」，**4** memory「記憶」。

**(5)** 解答 **3**

**A**「私たちは部屋を一緒に使わなくてはなりませんか」
**B**「いいえ，別々の部屋を使うことができます」
**解説** Bがseparate rooms「別々の部屋」を使えると答えているのがポイント。正解は**3**で，share は「〜を一緒に使う，共有する」。**1** order「〜を注文する」，**2** occupy「〜を占領する」，**4** correct「〜を訂正する」。

**(6)** 解答 **4**

**A**「天気予報は午後には晴れると言っていたから，テニスができるね」
**B**「まあ，よかった。でももし雨が降り続くようなら，代わりに映画を見に行きましょうね」
**解説** 文脈から，「その代わりに映画を見に行こう」という意味になると考えて，**4**のinstead「その代わりに」を選ぶ。**1** suddenly「突然に」，**2** quickly「すばやく」，**3** back「戻って」。

**(7)** 解答 **2**

**A**「いつあなたのところを訪ねられるかしら」
**B**「どうぞあなたの都合の良いときに会いに来てください」
**解説** 訪問時間を尋ねられ，Bは「都合の良いときに」と答えていると考えて，**2**を選ぶ。be convenient for [to] 〜 は「〜にとって都合の良い」という意味。反対語はinconvenient「不都合な」。**1** helpful「有用な」，**3** polite「礼儀正しい」，**4** generous「寛大な」。

**(8)** 解答 **1**

**A**「ご面倒をおかけして申し訳ありませんが，もう1度この機械の使い方を説明してもらえませんか」

**B**「かしこまりました。ですが，こちらをまず終わらせてしまいますので少し時間をください」
**解説** 頼み事などをする前に「（面倒をかけて）すみませんが…」という意味でI'm sorry to bother you, but ... という表現をよく使う。**2** miss「〜に会いそこなう，〜がいないのを寂しく思う」，**3** catch「〜を捕まえる」，**4** gather「〜を集める」。

**(9)** 解答 **2**

**A**「やあ，ジェーン！ 今日の午後，テニスをしないかい？」
**B**「ぜひそうしたいんだけど，歯医者を予約しているのよ」
**解説** I'd love to, but ...「ぜひそうしたいんだけど…」から，Bはテニスの誘いを断っていることがわかる。その理由は，歯医者のappointment「約束，予約」があるからなので，正解は**2**。**1** approach「取り組み方法，アプローチ，接近」，**3** explanation「説明」，**4** illness「病気」。

**(10)** 解答 **2**

**A**「もし靴下を2足お買い求めになると，20パーセント引きとなります」
**B**「おや，それはいいね，それならお金を節約できる」
**解説** 割引と聞いて「お金を節約できる」と答えたと考えて，**2**を選ぶ。なおsaveには「（金銭・時間・エネルギーなど）を省く，節約する」の他に「（お金）を蓄える，〜を救う」の意味もある。**1** control「〜を制御する」，**3** hide「〜を隠す」，**4** support「〜を支持する」。

**(11)** 解答 **2**

「ジルは明日庭に花を植えようと計画しているが，それは天気次第だ」
**解説** 花植えは「天気次第」と考えて，正解は**2**。depend on [upon] 〜 で「〜次第である，〜による」という意味である。**3**のdecide on 〜 は「〜に決定する」，**4**のlook on 〜 (as ...)は「〜を（…と）見なす」。

**(12)** 解答 **3**

「コンピュータは私たちの社会に多くの変化をもたらした。もはやそれなしでは1日も暮らせないと多くの人が言う」
**解説** 直後のmany changes「多くの変化」と意味的に結びつくのは**3**。bring about 〜 で「〜をもたらす，引き起こす（＝cause）」という意味である。**1**はbring

up ～ で「～を育てる」の意味。

### (13) 解答 3

「新聞によると，昨日メキシコで大きな地震があった」

解説 according to ～ は通例文頭に置かれて，「～によれば，～の示すところでは」の意味である。**1** up to ～「～まで」，**2** thanks to ～「～のおかげで」，**4** such as ～「例えば～のような」。

### (14) 解答 4

**A**「スージー，どうして君は遅れたの？」
**B**「ええ，家を出ようとしたとき，突然おばさんがやっ

---

て来たのよ」

解説 be about to *do* で「まさに～しようとする（= be just going to *do*）」という意味である。なお，この句はすぐ目前に迫ったことに用いるため，tomorrow など未来を表す副詞とともには用いない。

### (15) 解答 2

「調査結果は，学生はよく午後に居眠りをするということを示している」

解説 take [have] a nap で「うたた寝［居眠り］をする」の意味。nap「うたた寝，昼寝」は動詞として「うたた寝をする」の意味でも用いられる。

---

## 2

### (16) 解答 2

**A**「テリー，もっとクッキーをいかが？」
**B**「結構です。もう十分いただきました」
**A**「そう？　もうちょっと食べると思ったわ」
**B**「ごめんなさい。最近になってダイエットすることに決めたんです」
**1** もうおいとましなければなりません
**2** もう十分いただきました
**3** それは私には甘すぎます
**4** 新しいものを注文します

解説 Aの Would you like ～?「～はいかがですか」に対して，B は No, thank you. と断っているので，次にその理由を述べるのが自然な流れ。正解は，**2** の「十分に食べた」。go on a diet は「ダイエットをする」。

### (17) 解答 3

**A**「今夜の夕食はどうしようか」
**B**「あの新しくできたイタリアンレストランに行ってみない？」
**A**「うーん。中華料理の方がいいなあ」
**B**「また？　いつもあなたは中華そばがいいのね！」
**1** 全然お腹がすいていないよ
**2** そのレストランはおいしいと聞いたよ
**3** 中華料理の方がいいなあ
**4** すごくスパゲティが食べたいんだ

解説 空所直後でBが「また？　いつもあなたは中華そばがいいのね！」と答えていることから，A は中華料理が食べたいと言ったと考えられる。よって，正解は **3**。would rather *do* は「むしろ～したい，～する方

---

がいい」。

### (18) 解答 1

**A**「いらっしゃいませ」
**B**「ジョシュア・エバンズの書いた最新の本を探しているのですが」
**A**「ああ，申し訳ございませんが，ほんの少し前に，最後の1冊が売れてしまいました」
**B**「わかりました。それではどこかよその店をあたってみます」
**1** ほんの少し前に，最後の1冊が売れてしまいました
**2** 3日前にそれをあなたにお送りしました
**3** あなたの本はまだ印刷されていません
**4** 彼はまだその本を書き上げておりません

解説 書店での客と店員の対話。a copy は「（本の）1冊」。直後にある「よその店をあたる」から，この店には欲しかった本がなかったことがわかる。正解は **1** で，その本は売り切れていたのである。

### (19)(20)

**A**「空港へはどうやって行くのが一番いいですか」
**B**「時間を節約したいなら地下鉄ですね」
**A**「タクシーだとどのくらい時間がかかりますか」
**B**「道路の混み具合によります」
**A**「今は交通量が多いと思いますか」
**B**「そうですねえ。もうすぐ正午だから，そんなにひどくはないですよ」
**A**「ええと，重いカバンを3個も持っているんです」
**B**「それなら，タクシーで行った方がいいですね」

## (19) 解答 4

**1** 乗り換えは何回しなければなりませんか

**2** バス停はいくつありますか

**3** いくらかかりますか

**4** タクシーだとどのくらい時間がかかりますか

解説 That depends on the traffic. 「それは道路の混み具合による」というBの返事から，Aは道路を使う交通手段について尋ねていることがわかるので，正解はタクシーの所要時間を尋ねている**4**。save time は「時間を節約する」。

## (20) 解答 1

**1** 今は交通量が多い

**2** 地下鉄で行く方が安い

**3** 空港は遠い

**4** あなたが私をそこへ連れて行ける

解説 直後でBが「もうすぐ正午だからそれほどひどくない」と答えているので，Aは現在の交通状況を尋ねていると考えて，正解は**1**。

---

## 3

**全訳**

**かわいいバッグ**

　サヤカはかわいいものが大好きである。2週間前，彼女は買い物をしに街に出かけた。小さな店に入り，そこでとてもかわいいバッグを見つけた。店主によると，それはフランスから輸入された手作りのバッグで，その店には1つしか残っていなかった。彼女はそのバッグがすごく気に入ったが，それは彼女には高価だったため，買うことができなかった。数日後，その店を再び訪れたときには，そのバッグはすでに他の人に売られてしまっていた。彼女はちょっとがっかりした。

　その翌日，サヤカの祖父母が電話をしてきて，彼女を自宅に招待した。サヤカの誕生日だったので，祖父母はバースデーケーキを焼き，彼女にプレゼントをあげた。それを開けると彼女はとても驚いた。それは，サヤカがとても欲しがっていたまさにあのバッグだったのだ。祖父母はサヤカがかわいいものが大好きなのを知っていたので，喜ぶだろうと思ったのである。サヤカはとてもうれしかった。

## (21) 解答 3

**1** 彼女の好みではなかった

**2** 売り物ではなかった

**3** 彼女には高価だった

**4** かなり手ごろだった

解説 空所前後の文脈を確認しよう。「彼女はそのバッグがとても気に入ったが，それは〜なので，買えなかった」という文脈なので，正解は**3**。**1**と**4**は彼女が買えなかった理由として適切ではなく，次の文に「他の人に売られてしまった」とあるので**2**も不適。

## (22) 解答 2

**1** とても当惑した

**2** とても驚いた

**3** お腹がすいた

**4** 気が変わった

解説 祖父母からもらった誕生日プレゼントを開けてサヤカはどうだったのかを考える。空所直後に It was the very bag she had really wanted.「それは彼女が欲しがっていたまさにそのバッグだった」とあることより，正解は**2**。他の人に売られてしまったと思っていたバッグをもらって，驚いたのである。

## 4A

全訳

差出人：ジョン・アンダーソン

受取人：マサオ・カトウ

日付：7月3日

件名：ようこそ

マサオへ

　僕は君がこの秋からハドソン大学で勉強するためにこちらに来ると聞いて，とてもうれしく思います。僕の専攻は経済学ですが，君のために心理学の課程について，たくさん情報を集めることができると思います。聞くところによると，その学部には優秀な教授が何人かいますが，学生には猛勉強を求めるそうです。そんなことは君には何の問題でもないと思いますが。

　君は大学の近くにアパートを借りようかと考えていると言っていましたね。もし誰かと部屋を共用するのが嫌でなければ，とてもいいルームメートとして，マイクを紹介できますよ。彼もこの付近でアパートを借りようとしています。彼はコンピュータサイエンスを専攻していて，僕の親友の1人です。彼はバスケットボール部に入っています。

　先日，僕は繁華街の日本食レストランでナンシーに会いました。僕たちは日本から戻ってきてからはまだ顔を合わせていませんでした。彼女も君が9月にこちらに来ると聞いて，とても喜んでいました。僕たちは君が到着したらすぐに，君のために盛大な歓迎パーティーを開くことにしました。アメリカで最初に何を食べたいか，教えてくださいね。

それでは。

ジョン

### (23)　[解答]　3

「マサオが計画しているのは」

**1** 教授になるために一生懸命勉強すること。

**2** 心理学と経済学の両方を専攻すること。

**3** ハドソン大学で勉強すること。

**4** 心理学部で働くこと。

[解説]　第1段落第1文にある you're coming here to study at Hudson University beginning this autumn「君がこの秋からハドソン大学で勉強するためにここに来る」から**3**が正解。**2**がやや紛らわしいが，きちんと考えると，psychology はマサオの専攻だが economics はマサオではなくジョンの専攻なので不適とわかる。

### (24)　[解答]　4

「ジョンはマサオがどうすることを提案していますか」

**1** マイクと一緒にコンピュータサイエンスを専攻すること。

**2** バスケットボールの試合を見に行くこと。

**3** 大学から離れたところのアパートを選ぶこと。

**4** 彼の友人の1人と一緒にアパートに住むこと。

[解説]　第2段落第2文の If you don't mind sharing a room with somebody, I can introduce a good roommate, Mike, ...「誰かと部屋を共用してもいいなら，いいルームメートとしてマイクを紹介できる」から，正解は**4**。ジョンはマサオに親友のマイクと部屋を共用することを提案しているのである。

### (25)　[解答]　1

「ジョンとナンシーが計画していることは」

**1** マサオのためにパーティーをすること。

**2** マサオと一緒に日本に戻ること。

**3** 日本食レストランで夕食をとること。

**4** マサオのためにアパートを見つけること。

[解説]　第3段落第4文でジョンは We agreed to have a big welcome party for you on your arrival.「君が到着したらすぐに盛大な歓迎パーティーを開くことに決めた」と言っているので，**1**が正解。on your arrival は「君が到着したらすぐに」という意味。

## 4B

全訳

**みそブーム**

　科学者イケダ・キクナエ（池田菊苗）は，1908年に初めて「うまみ」を発見した人であったが，それは英語では前世紀の終わりになってようやく広く知られるようになった。その味の意味を理解する一番簡単な

方法は，みそを食べることである。みそは古代中国から伝わったと信じられている。「みそ」という語は，平安時代の歴史書に初めて登場する。その当時，みそは日本ではぜいたくな食べ物であり，贈り物としてや高位の職に就く人の給料として与えられていた。

のちに，みそはもっと一般的な食べ物となり，鎌倉時代にはみそ汁が考え出された。さまざまな国で，人々は日本食レストランでみそ汁を楽しむことができる。みそは，長い間，アジア食品のスーパーマーケットで国際的に売られてきた。しかし2014年ごろから，多くの国々の料理人が自国の文化の食材とみそを混ぜ合わせるようになっている。

イギリスでは，古くからある自国のケーキやプディングのための風味豊かなソースを作るために，カラメルやクリームにみそを入れるレストランもある。みそはまたアイスクリームのトッピングやポップコーンの味として，またスムージーの材料としても人気がある。フランスでは，みそはサラダドレッシングにも入っており，今や肉・魚料理の新しい味となっている。みそパンを焼いて楽しむアメリカ人もいるし，朝食時にバターの代わりにみそをトーストにのせて食べる国もいくつかある。

現在，多くの国が自国のみそを製造している。アメリカでは，えんどう豆で作られるみそもある。そしてオランダでは体にいいとされる豆が使用されている。オーストラリアにあるメルーみそ会社はたった2人で創業されたが，今や大企業となり，自社のみそを国中の一流レストランに販売している。人気の料理本が出版され，その本は一般の人々に自宅のキッチンでみそをいかに使うかを説明している。この本のおかげで，世界中で販売されているみその量は年々増えている。

## (26)　解答　2

「みそについて言われていることは」
**1** 科学者イケダ・キクナエによって初めて食べられた。
**2** もともと日本由来のものではなかった。
**3** 世界中で広く知られた贈り物である。
**4** 中国で高位の職に就く人々に与えられている。
解説　第1段落第3文に，Miso is believed to have come from ancient China.「みそは古代中国から伝わったと信じられている」とあるので，正解は**2**。**1**は，イケダ・キクナエは「うまみ」の発見者なので不適。**4**の「高位の職に就く人に与えられる」は昔の日本で行われていたことなので，不適。

## (27)　解答　3

「海外の料理人は2014年以来どんなことをしていますか」
**1** 日本でレストランを開いている。
**2** みそ汁を人々に紹介している。
**3** みそを自国の料理に加えている。
**4** 自国のアジア食品のスーパーマーケットでみそを売っている。
解説　質問文にある since 2014 という表現は，第2段落の最終文冒頭に出てくる。そこに chefs in many countries have been mixing miso with foods from their own cultures「多くの国の料理人が自国文化の食材とみそを混ぜている」とあるので，正解は**3**。選択肢では mixing miso が adding miso「みそを加えている」に言い換えられていることにも注意しよう。

## (28)　解答　3

「世界のある地域で，みそは」
**1** アイスクリームの一番人気のある味の1つである。
**2** サラダドレッシングの代わりに脇に添えられている。
**3** 朝，トーストされたパンに塗られる。
**4** 肉や魚が焦げるのを防ぐために使われている。
解説　第3段落の最終文の後半に there are several countries where miso is eaten instead of butter on toast at breakfast time「朝食時にバターの代わりにトーストにみそをのせて食べる国がいくつかある」とあるので，正解は**3**。**1**は，「一番人気のある味」という記述はないので不適。**2**は，みそはサラダドレッシングの材料ではあるが，「サラダドレッシングの代わりに脇に添えられる」とは述べられていないので不適。

## (29)　解答　1

「みその売上高はなぜ毎年上がっているのですか」
**1** 人々が自宅でそれを使った料理方法を学んでいるから。
**2** アメリカでより体に良いみそが製造されているから。
**3** オーストラリアで商売を始める人が増えているから。
**4** みその作り方を説明した本が出版されたから。
解説　第4段落の最後から2つ目の文に，自宅のキッチンでのみその使い方を説明した料理本が出版されたとあり，最終文に Thanks to this book, more and more miso is sold each year around the world.「この本のおかげで，世界中で年々みその販売量が増えている」とあるので，正解は**1**。**4**は，その本はみその使い方についての本であり，みその作り方の本ではないので，不適。

## 5

問題文の訳

こんにちは！

ねえねえ, 聞いてよ！ 先週, 両親が僕の誕生日にカメラをくれたんだ。僕はこれまで一度も自分のカメラを持ったことがなかったので, とてもうれしかったよ。毎日それで写真を撮っているんだ。次に君に会ったときに君の写真を撮るね。写真を撮るのはすごく楽しいけど, 僕のカメラには機能が多すぎてね。それら全部は使い方がわからないよ。君は今後, カメラがもっと人気になると思う？

あなたの友達,
ジェイク

こんにちは, ジェイク！

Eメールをありがとう。
[解答欄に記入しなさい。]
では,

---

**解答例**

I'm happy to hear that you have got your own camera now. Is it easy to carry around? You said that it has too many functions, but what is the most convenient function? Well, I don't think cameras will become more popular. Most people now take photos with their smartphones! (50語)

**解答例の訳**

君が今では自分のカメラを手にしていると聞いてうれしいよ。持ち運ぶのは簡単なの？ 君は機能がありすぎるって言ったけど, 一番便利な機能は何？ うーん, 僕はカメラがもっと人気になるとは思わないな。ほとんどの人が今はスマートフォンを使って写真を撮るもの！

---

解説 与えられたEメールは, 誕生日に両親からカメラをもらい自分のカメラを持つことができたと報告し, そのカメラには機能がたくさんあって使いきれないことを述べ, 最後に今後カメラがもっと人気になると思うかどうかを尋ねている。

返信では, まずジェイクのEメールへのリアクションを書く。自分のカメラを持てたといううれしい報告なので, 解答例ではI'm happy to hear that .... 「…と聞いてうれしい」と書いている。他には, Wow, it's great that .... 「わあ, …とはすごいね」や, Congratulations! Now you are a photographer, aren't you? 「おめでとう！今や君はカメラマンだね」などと書くこともできる。

次に下線部a camera「カメラ」の特徴を問う質問を2つ書く必要がある。解答例では, 1つ目に「持ち運びが簡単にできるかどうか」というカメラの大きさや形状に関わる質問が書かれている。2つ目の質問は, ジェイクからのEメールの中でカメラの機能について述べられていることに触れて, 一番便利な機能は何であるのかを尋ねている。他には, カメラの値段について「それはいくらだったのか（How much was it?）」と尋ねることもできる。

最後にジェイクの質問に答える。解答例では, Well,「うーん, ええと」という語で始めて, 話題が変わることを示している。また, この語は自分の意見を述べることへのためらいを示すことで, 次に述べる「カメラがもっと人気になるとは思わない」というやや否定的な内容に自然につなげる表現としての役割も果たしている。そしてその後で, 「ほとんどの人が今はスマートフォンで写真を撮るから」と理由を述べている。他の理由としては, カメラについて「値段が高い（expensive）」や「大きすぎる（too big）」,「使うのが難しい（difficult to use）」

などが考えられる。逆の立場をとる場合,「カメラを使えば, より良い写真が撮れる（With cameras, we can take better photos.）」などと書くことができる。

# 6

QUESTIONの訳
あなたは生徒は自分たちで学校を清掃すべきだと思いますか。

| 解答例① | 解答例①の訳 |
|---|---|
| I think students should clean their school by themselves. I have two reasons for this. First, it is a good way to learn responsibility. Students can see that they should take care of what they use. Second, working with friends is fun. Students will become better friends through cleaning together. For these reasons, I think students should clean their school. (60語) | 私は生徒は自分たちで学校を清掃すべきだと思います。これには理由が2つあります。1つ目は, それが責任感を身につけるのに良い方法だからです。生徒たちは自分たちが使うものは自分たちで手入れをするべきだということが理解できます。2つ目は, 友達と一緒に働くことは楽しいからです。一緒に清掃をすることを通じて, 生徒たちはもっと仲よくなることでしょう。これらの理由により, 私は生徒は自分の学校を清掃すべきだと考えます。 |

| 解答例② | 解答例②の訳 |
|---|---|
| I don't think students should clean their school by themselves. This is because they can use their time better if they don't have to clean their classroom. For example, they can spend more time on studying or their club activities. Also, classrooms will be cleaner if professional cleaners clean them. Students should learn to thank their cleaners. (57語) | 私は生徒は自分たちで学校を清掃すべきだとは思いません。これは, 教室を清掃する必要がなければ彼らはもっと上手に時間を使えるからです。例えば, 勉強やクラブ活動にもっと時間を費やすことができます。また, プロの清掃員が清掃した方が教室はきれいになります。生徒たちは清掃員に感謝することを学ぶべきです。 |

**解説** まず, 質問に対して「そう思うか（Yes）, そう思わないか（No）」の立場を, I think ....またはI don't think ....を用いてはっきりと表す。

次にそれぞれの立場の理由を2つ述べる。解答例①のようにI have two reasons for this.「これには理由が2つある」と書くと, この後でこの意見に対する理由が2つ示されることをはっきりと伝えられる。

解答例①はYes.の場合である。1つ目の理由は, First「1つ目に」で導入し,「（清掃は）責任感を身につけるのに良い方法である」と書いている。次の文でそれをさらに具体的に表現し「生徒たちは自分たちで使うものは自分たちで手入れをするべきであることが理解できる」とした。次にSecondで2つ目の理由を導入して, まず「友達と一緒に働くことは楽しい」と短く端的に書いた。そして次の文で, 楽しいことの補足として,「友達ともっと仲よくなれる」ことを挙げている。

解答例②はNo.の場合である。まず最初の理由をThis is because 〜.「これは〜だからである」で導入し, 清掃の時間をもっと有効に利用できると指摘し, 次の文でその内容を具体的に説明している。2つ目の理由はAlso「また」で導入している。清掃はプロに任せる方がきれいになると書き, 生徒はそのことを通じて清掃員に感謝することを学ぶべきだと論じた。

語数が許せば, 解答例①のように最後に全体のまとめを書いてもよい。解答例①は, For these reasons「これらの理由により」で始めて, それまで述べてきた2つの理由をもとに結論がくることを明快に示し, 冒頭で示し

た文の内容を別の表現で示している。

# Listening Test

## No. 1　解答　2

☆：Jim, let's go to the Italian restaurant for lunch. I'm hungry.

★：I'm not ready. Give me five minutes.

☆：Can I go ahead and order?

**1** Yes, Thai food sounds good.

**2** OK, I'll catch up with you.

**3** Oh, I'm not sure he will like that.

☆：ジム，昼食にイタリア料理店に行きましょうよ。お腹がすいたわ。

★：まだだめだよ。5分もらえるかな。

☆：先に行って注文してもいい？

**1** うん，タイ料理は良さそうだね。

**2** わかった，後で追いつくからね。

**3** ああ，彼はそれが好きかわからないよ。

**解説**　女性が男性を昼食に誘っている場面である。最後のCan I go ahead and order?「先に行って注文してもいい？」に適切な応答は**2**。catch up with ～ は「～に追いつく」。**1**は，2人はイタリア料理店に行くので不適。

## No. 2　解答　1

★：How did the exam go, Linda?

☆：Good, I think. But I won't know the results until next Friday.

★：Well, I'm sure you did just fine.

**1** I hope so. I don't want to have to take it again.

**2** My teacher has 20 years of experience.

**3** The exam lasted three hours.

★：リンダ，試験はどうだった？

☆：できたと思うわ。でも，次の金曜まで結果はわからないの。

★：そう，きっといい出来だと思うよ。

**1** そうだといいわ。もう一度受けたくないもの。

**2** 私の先生は20年の経験があるわ。

**3** 試験は3時間続いたの。

**解説**　友人同士の対話。話題はリンダの試験である。最後に出てくる男性のWell, I'm sure you did just fine.「きっと良くできたよ」を注意して聞く。正解はI hope so.「そうだといいわ」と答えている**1**。

## No. 3　解答　1

☆：Hi, Roger. I missed you at work yesterday.

★：I wasn't feeling well, so I took the day off.

☆：Oh, no. Are you feeling better now?

**1** Yes. I was able to get some rest.

**2** OK. I don't like going to the hospital.

**3** Well, the medicine should be taken with a drink of water.

☆：こんにちは，ロジャー。昨日は仕事に来なかったわね。

★：体調が良くなかったから，休みを取ったんだ。

☆：あら，まあ。今は良くなっているの？

**1** うん。休養がとれたからね。

**2** わかった。病院へ行くのは好きじゃないなあ。

**3** ええと，その薬は水で飲むべきだよ。

**解説**　同僚同士の対話。前半より男性が昨日仕事を休んだことをつかむ。最後のAre you feeling better now?「今は良くなっているの？」に対して適切な応答は**1**。day offは，day off work ということで，「（平日に取る）休日」。

## No. 4　解答　2

★：Let's go see a movie.
☆：Sure. What's playing?
★：Let me see. How about that new horror movie everyone's been talking about?
1　I'm getting some popcorn.
2　I don't really like scary movies.
3　I got us good seats.

★：映画を見に行こうよ。
☆：いいわね。何がやっているの？
★：そうだなあ。みんなが最近話題にしているあの新作のホラー映画はどう？
1　私はポップコーンを買ってくるわ。
2　怖い映画はあまり好きじゃないわ。
3　いい席を取ったわよ。

**解説**　前半部分より話題は映画であることを捉える。最後の How about that new horror movie ...? 「あの新しいホラー映画はどう？」という提案に対して適切な応答は，「怖い映画はあまり好きじゃない」と答えている **2**。scary [skéəri] は「怖い」。

## No. 5　解答　3

★：Mom, can I go play at Darren's house?
☆：Only if you've finished your homework.
★：Well, I've finished most of it. I can finish the rest after I come home.
1　I haven't seen Darren's mom for a while.
2　Your grades have improved this year.
3　You can't go out until you finish all of it.

★：お母さん，ダレンの家に遊びに行ってもいい？
☆：宿題が終わっていればね。
★：ええと，ほとんど終わったよ。残りは帰ってきてから終わらせられるよ。
1　しばらくダレンのお母さんと会っていないわ。
2　今年は成績が上がったわね。
3　全部終わるまで外出はだめよ。

**解説**　息子と母親の対話。冒頭より息子が外出許可を求めていることをつかむ。母親に宿題のことを指摘され，最後に息子は I can finish the rest after I come home.「帰ってから残りを終える」と言う。正解はそれに対してだめだと答えている **3**。

## No. 6　解答　1

☆：Hello, Grandpa. It's Cindy. When are you taking me fishing next?
★：Anytime. How about this Sunday?
☆：Oh no, my friends and I are going to the mall this Sunday.
1　I see. Tell me when you're free.
2　Sure. I can give you a ride to the mall.
3　Thanks. Fishing is my favorite activity.

☆：もしもし，おじいちゃん。シンディよ。次はいつ釣りに連れて行ってくれるの？
★：いつでも大丈夫さ。今度の日曜日はどうだい？
☆：ああ残念，今度の日曜日は友達とモールに行くのよ。
1　そうかい。時間ができたら連絡してね。
2　もちろん。モールまで乗せて行ってあげるよ。
3　ありがとう。釣りは私の大好きな活動さ。

**解説**　孫と祖父の電話での会話。話題は釣りである。祖父の How about this Sunday?「今度の日曜日はどう？」という提案に孫は「日曜日は友達と（ショッピング）モールに行く」と答える。それに対して適切な応答は「時間ができたら連絡してくれ」と言っている **1**。

## No. 7 解答 2

★ : I'm looking for a scarf for my wife. Could you please help me?

☆ : Certainly, sir. What color does she like?

★ : I think her favorite color is purple. But she also likes orange.

**1** Wool is warmer than cotton but is harder to clean.

**2** Well, this orange one is very popular now.

**3** I'm afraid men's clothing is on the third floor.

★ : 妻のためのスカーフを探しています。お手伝いいただけますか。

☆ : もちろんでございます，お客さま。奥さまは何色がお好きですか。

★ : 彼女が好きな色は紫だと思います。でも，オレンジも好きです。

**1** 毛は綿よりも暖かいですが，洗濯するのが大変です。

**2** そうですねえ，このオレンジのものは今とても人気ですよ。

**3** 恐れ入りますが紳士服は3階です。

解説 冒頭の「妻のためのスカーフを探しています」から店での対話であることをつかむ。最後に男性が妻の好きな色について話しているので，適切な応答は色について触れている**2**。

## No. 8 解答 3

☆ : X-Tech Customer Service.

★ : Hi, I want to use my new computer, but I don't know how to turn on the screen.

☆ : Tap anywhere on the screen and it should turn on.

**1** No thank you, I'm not hungry.

**2** I think I'll just get some sleep.

**3** Oh, that was easy. Thank you.

☆ : エックステック・カスタマーサービスです。

★ : もしもし，新しいコンピュータを使いたいのですが，スクリーンのスイッチの入れ方がわからないのです。

☆ : スクリーンのどこでも構いませんから触れてください。そうすればつきます。

**1** いいえ，結構です。お腹はすいていません。

**2** 少し寝ようかと思います。

**3** ああ，簡単でしたね。ありがとう。

解説 コンピュータの操作法を聞くためのカスタマーサービスへの電話である。男性はスクリーンのスイッチの入れ方を聞き，女性はそれに答えている。適切な応答はそれにお礼を述べている**3**。

## No. 9 解答 2

★ : Excuse me. Do you have this sweater in size large?

☆ : Let me check. Yes. Here you are.

★ : Great. I'd also like to buy a coin purse.

**1** I think this would look great on you.

**2** That would be in the accessories section.

**3** I'm sorry we're sold out of that size.

★ : すみません。このセーターのLサイズはありますか。

☆ : 確認してみます。ええ，ございます。どうぞ。

★ : 良かった。小銭入れも買いたいのですが。

**1** これはとてもお似合いだと思います。

**2** それは小物売り場にございます。

**3** 申し訳ございませんが，そのサイズは売り切れです。

解説 洋服売り場での男性客と女性店員の対話である。男性の最後の発言を注意して聞く。セーターの話は終わり，I'd also like to buy a coin purse.「小銭入れも買いたい」と話題は小銭入れに移っていることに注意。正解は，その売り場を答えている**2**。

## No. 10 [解答] 1

★：Excuse me. Could you tell me how to get to Terminal Station?

☆：Sure. Just go straight down this street. It's next to the post office.

★：I see. Can I get there in five minutes?

**1** Yes. It's just two blocks away.

**2** No. The express train leaves in five minutes.

**3** Well, a ticket to Barton costs three dollars.

★：すみません。ターミナルステーションへの行き方を教えていただけますか。

☆：いいですよ。この通りをただまっすぐに進んでください。郵便局の隣です。

★：わかりました。5分で着けるでしょうか。

**1** ええ。ほんの2ブロック先ですから。

**2** いいえ。急行列車は5分後に出ます。

**3** ええと、バートンまでの切符は3ドルです。

[解説] 最初のCould you tell me how to get to ～?「～への行き方を教えていただけますか」は道案内で用いられる定番表現。最後の「5分で着けますか」に対して適切な応答は，「はい。ほんの2ブロック先ですから」と答えている**1**。

## 第2部  🔊 012～022

## No. 11 [解答] 2

☆：I'm going on my first overseas business trip next week. Any advice?

★：Try to get some sleep on the plane. You'll be super busy after you arrive.

☆：I was a little worried about that. I usually can't sleep on a flight.

★：Take some earplugs and an eye mask.

**Question:** Why is the woman worried about the flight?

☆：私，来週初めての海外出張に行く予定なの。何かアドバイスある？

★：飛行機の中で睡眠をとるようにするといいよ。到着したらすごく忙しくなるからね。

☆：そのことについてはちょっと心配だったのよ。飛行機ではたいてい眠れないの。

★：耳栓とアイマスクを持っていくといいよ。

**質問**：女性はなぜ飛行機に乗ることについて心配しているのですか。

**1** 飛行機に乗るのが好きではないから。

**2** 飛行機ではよく眠れないから。

**3** 飛行機に乗っている間に読むものが何もないから。

**4** 飛行機に乗った後はよく眠れないから。

[解説] 同僚同士の対話。海外出張について女性はI usually can't sleep on a flight.「私は飛行機ではたいてい眠れない」と言っているので，正解は**2**。最後の「耳栓とアイマスク」からも正解が推測可能。

## No. 12　解答　3

★：I'm going to finish a little early today. I have to pick up the kids. Have a good evening, Rachel.
☆：You too, Tom. Oh, could you drop these files on the boss's desk before you leave?
★：These? I already emailed him the data.
☆：I know, but he asked me to print them out.
**Question:** What will the man probably do next?

★：今日は少し早く終わりにさせてもらうよ。子供たちを迎えに行かなければならないんだ。レイチェル，良い晩を！
☆：あなたもね，トム。あっ，出る前にこのファイルを部長（上司）の机の上に置いてもらえるかしら？
★：これ？　そのデータは僕がすでに部長にメールしたよ。
☆：そうよ，でも，部長は私にそれを印刷するように頼んだの。
**質問：**男性はおそらく次に何をするでしょうか。

**1** 書類をコピーする。
**2** レイチェルと一緒に子供たちを迎えに行く。
**3** 上司の机にファイルを置く。
**4** 女性に書類をメールする。

解説　帰宅間際の同僚同士の対話。女性が could you drop these files on the boss's desk ...?「部長（上司）の机の上にこのファイルを置いてくれますか」と言っているので，正解は**3**。boss は「（職場の）上役，上司，社長」という意味で，口語でよく用いられる。

## No. 13　解答　3

★：I have two tickets for the classical concert. Would you like to go with me?
☆：Wow, I love classical music. When is it?
★：It's this Thursday night at 8:00.
☆：Oh, no. I've got Spanish class until 9:00 that day. Maybe some other time.
**Question:** Why isn't the woman going to the concert?

★：クラシックコンサートのチケットが2枚あるんだ。一緒に行かない？
☆：わあ，私はクラシック音楽が大好きよ。いつなの？
★：今度の木曜日の夜8時だよ。
☆：まあ，残念。その日は9時までスペイン語の授業があるの。また今度よろしくね。
**質問：**なぜ女性はコンサートに行かないのですか。

**1** クラシックコンサートが好きではない。
**2** 他のコンサートに行かなければならない。
**3** 授業に行かなければならない。
**4** 家で勉強しなければならない。

解説　男性がコンサートへ行こうと女性を誘っている場面の対話である。女性は最後に I've got Spanish class until 9:00 that day.「その日は9時までスペイン語の授業がある」と答えているので，正解は**3**。

## No. 14 解答 3

☆：Honey, I'm hungry. What should we do for dinner?
★：Why don't we go to the White Rabbit?
☆：We always go there. It's a little far but I want to try the Italian place on 5th Street.
★：OK. But you're driving this time.
**Question:** What are the man and woman talking about?

☆：あなた，お腹がすいたわ。夕食はどうしましょうか。
★：ホワイトラビットへ行かない？
☆：そこへはいつも行くわ。ちょっと遠いけど，5番通りのイタリア料理店に行ってみたいわ。
★：了解。でも，今回は君が運転するんだよ。
**質問**：男性と女性は何について話していますか。

**1** ペットのウサギを買うかどうか。
**2** 誰が運転するか。
**3** 夕食にどこに行くか。
**4** いつ家を出るべきか。

解説　夫婦の対話。冒頭で妻がWhat should we do for dinner?「夕食はどうしましょうか」と聞いているので，正解は**3**。**2**は，最後に車の運転のことが出てくるが，これは単に男性が最後に言い添えた内容なので不適。

## No. 15 解答 2

☆：Have you decided which colleges you want to visit this summer?
★：Yes. I want to check out Eastern University and Pullman College.
☆：Good. Make sure you contact them and let them know when you're coming.
★：Don't worry, Mom. I'll call both tomorrow morning.
**Question:** What is the woman telling her son to do?

☆：今年の夏はどこの大学を訪問したいか決めた？
★：うん。イースタン大学とプルマン大学について調べたいと思っているよ。
☆：それはいいわね。必ず相手と連絡を取って，あなたがいつ行くのかを知らせなさいね。
★：大丈夫だよ，母さん。明日の朝，両方に電話するから。
**質問**：女性は息子に何をするように言っていますか。

**1** どちらの大学に通いたいかを決める。
**2** 大学に訪問について伝える。
**3** 先生たちに話す。
**4** 大学の入学願書を完成させる。

解説　母親と息子の対話。話題は大学訪問である。後半で母親がMake sure you contact them and let them know when you're coming.「必ず連絡を取ってあなたがいつ行くのかを知らせなさい」と言っているので，正解は**2**。

## No. 16 解答 4

★：Good morning. Eastville Clinic.
☆：Hi, this is Samantha Chan. I had an appointment with Dr. Gomez this Friday but I'm calling to reschedule.
★：Of course. When would you like to change your appointment to?
☆：If possible, I would like to move my appointment to the following Friday. Any time would be fine.
**Question:** Why is the woman calling?

★：おはようございます。イーストビルクリニックです。
☆：もしもし，私はサマンサ・チャンです。今週の金曜日にゴメズ先生の予約があるのですが，予約を変更したくて電話しています。
★：承知しました。ご予約をいつに変更なさいますか。
☆：可能ならば，次の金曜日に予約を移したいのです。どの時間でもいいのですが。
**質問：**女性はなぜ電話をしているのですか。

**1** 遅れる予定だから。
**2** クリニックへの行き方が知りたいから。
**3** 医師に質問があるから。
**4** 予約を変更したいから。

解説 クリニックへの電話である。用件はI'm calling to rescheduleより，正解は**4**。I'm calling to *do* 〜.「〜するために電話をしている」は用件を言うときの定番表現。rescheduleは「re（再び）＋ schedule（予定を立てる）」から，「〜の予定を変更する」。

## No. 17 解答 2

★：Excuse me. Someone left this smartphone on the seat next to me.
☆：Oh. Did you happen to see who it belonged to?
★：Yes, it was a woman in a brown coat. I tried calling after her, but she got off the train before I could catch her.
☆：I see. We'll hold on to it in our office. Hopefully the owner will come for it.
**Question:** What did the man do when he found the smartphone?

★：すみません。どなたかがこのスマートフォンを私の隣の席にお忘れになったのですが。
☆：まあ。ひょっとしてその持ち主をご覧になりましたか。
★：はい，茶色のコートを着た女性でした。後ろから声を掛けてみたのですが，呼び止める前に電車を降りてしまったのです。
☆：わかりました。私どもの事務所に保管しておきます。持ち主が現れるといいのですが。
**質問：**男性はそのスマートフォンを見つけたとき何をしましたか。

**1** 使おうとした。
**2** 持ち主に返そうとした。
**3** 見つけたところに置いておいた。
**4** ポケットの中に入れた。

解説 冒頭より男性が忘れ物を届けている場面であることをつかむ。I tried calling after her「彼女に後ろから声を掛けてみた」と言っているので，正解は**2**。call after 〜「〜に後ろから声を掛ける」，get off 〜「〜を降りる」，hold on to 〜「〜を保持する」。

## No. 18 解答 3

☆：I'd like to go to this restaurant. Could you tell me how to get there by subway?

★：The Sonata. That's a great place. I recommend you go there by taxi.

☆：Isn't that expensive? I don't mind taking the train.

★：It's much faster by taxi and I can give you a coupon for a 50 percent discount.

**Question:** Why did the man recommend the woman take a taxi?

☆：このレストランに行きたいと思います。地下鉄での行き方を教えていただけますか。

★：ザ・ソナタですね。あそこはいいレストランですよ。タクシーで行くことをお勧めします。

☆：それは高くないですか。電車で行ってもいいのですが。

★：タクシーの方がずっと速いですし，50％割引のクーポンを差し上げますよ。

**質問：**男性はなぜ女性にタクシーに乗ることを勧めているのですか。

1 電車は運行を中止したから。
2 彼女は電車に乗るのが好きではないから。
3 その方がレストランに速く着くから。
4 夜間，その街は安全でないから。

解説 前半より女性がレストランへの行き方を尋ねていることをつかむ。タクシーを勧めた男性が最後に It's much faster by taxi「タクシーの方がずっと速い」と言っているので，正解は **3**。

## No. 19 解答 3

★：Hi, I'm Greg Smith. I booked a room in your hotel, but I can't find your location.

☆：OK, Mr. Smith. What do you see now?

★：Well, I'm on a street corner with an old building with a clock tower.

☆：That's the old city hall. We're the green building just behind it.

**Question:** What does the man want to do?

★：もしもし，グレッグ・スミスと申します。そちらのホテルに部屋を予約したのですが，場所がわからないのです。

☆：スミスさま，承知いたしました。今，何が見えているでしょうか。

★：そうですねえ，私は今，時計塔のある古い建物がある通りの角にいます。

☆：それは旧庁舎です。私どもはちょうどその後ろの緑色の建物でございます。

**質問：**男性は何をしたいのですか。

1 部屋を予約する。
2 時計塔を訪れる。
3 ホテルを見つける。
4 市庁舎へ行く。

解説 冒頭部分を注意して聞く。これは男性客からのホテルへの電話であり，男性は I can't find your location「そちらの場所がわからない」と言っているので，正解は **3**。

## No. 20 解答 **1**

☆：Sorry to bother you, but would you please take our picture?

★：Of course. Say cheese.... OK. Check to make sure the picture looks OK.

☆：Um.... Oh no, I closed my eyes when you took the shot.

★：No problem. Let me just take it again.

**Question:** What happened when the photo was taken?

☆：お邪魔してすみませんが，私たちの写真を撮っていただけますでしょうか。

★：もちろんですよ。はい，チーズ。撮りました。写真が大丈夫かどうか確認してください。

☆：うーん。あらまあ，シャッターを切ったとき，私，目を閉じてしまったわ。

★：大丈夫ですよ。もう一度撮らせてください。

**質問：**写真が撮られたとき何が起こりましたか。

**1** 女性が目を閉じた。

**2** 男性が間違ったボタンを押した。

**3** カメラの電池が切れた。

**4** カメラの前を人が歩いた。

解説 冒頭の would you please take our picture? より，見知らぬ人に写真の撮影をお願いしている場面だとわかる。後半で女性は I closed my eyes when you took the shot「シャッターを切ったとき，目を閉じてしまった」と言っているので，正解は **1**。

---

第 **3** 部 🔊 **023～033**

## No. 21 解答 **3**

Kara is the captain of her high school basketball team. In addition to the usual responsibilities of a team member, Kara must also be a leader to her teammates. She encourages them to practice and play harder and listens to them when they have any problems or concerns. She often has a long talk with them after practice.

**Question:** What does Kara do when her teammates need help?

カラは高校のバスケットボールチームのキャプテンである。チームメンバーとしての通常の責任に加えて，カラはチームメートたちのリーダーにもならなければならない。彼女は，もっと一生懸命に練習やプレーをするよう彼らを励まし，彼らに問題や心配事があるときには彼らの話を聞く。練習の後，彼らと長時間話すことも多い。

**質問：**チームメートが助けを必要とするとき，カラは何をしますか。

**1** コーチに話す。

**2** 自分を助けるように促す。

**3** 問題を抱えているときに彼らの話をよく聞く。

**4** 誰よりも一生懸命にプレーする。

解説 バスケットボールチームのキャプテンのカラの話。キャプテンとしての仕事の中に listens to them when they have any problems or concerns「彼ら（＝チームメンバー）に問題や心配事があるときに彼らの話を聞く」と述べられているので，正解は **3**。hear ～ out は「（人）の話を最後まで聞く」。

## No. 22 解答 3

Haggis is a traditional dish popular in Scotland. It is made of the inner parts of a sheep mixed with oatmeal, onion and spices, and cooked inside a sheep stomach. It is usually eaten with a kind of vegetable paste and mashed potato. Although it is an important part of Scottish culture, similar dishes are eaten in other countries.

**Question:** What is one thing that we learn about haggis?

ハギスはスコットランドで親しまれている伝統料理である。それは，オートミール，玉ねぎ，スパイスを混ぜた羊の内臓で作られ，羊の胃袋の中で調理される。通常，野菜ペーストのようなものとマッシュポテトと一緒に食される。それはスコットランド文化の重要な一部であるが，似た料理は他の国でも食べられている。

**質問：** ハギスについてわかることの1つは何ですか。

**1** スコットランドだけで食べられている。

**2** 休日にだけ食べられている。

**3** 他の食べ物と一緒に食べられている。

**4** あまり人気ではない。

解説 あまり聞き慣れないハギスという料理の話。It is usually eaten with a kind of vegetable paste and mashed potato.「通常野菜ペーストのようなものとマッシュポテトとともに食される」と説明されているので，正解は **3**。

## No. 23 解答 3

Kenji is a talented young piano player. He plays in concerts and competitions. He has been playing the piano since he was five years old. He practices every day for many hours. He mostly plays classical music, but he also enjoys playing jazz. In the future Kenji wants to give concerts in foreign countries.

**Question:** What is one thing we learn about Kenji?

ケンジは才能ある若きピアノ演奏家である。彼はコンサートやコンクールでピアノを弾く。5歳からずっとピアノを弾いている。彼は毎日何時間も練習する。たいていクラシックを弾くが，ジャズの演奏も楽しむ。ケンジは将来，外国でコンサートを開きたいと思っている。

**質問：** ケンジについてわかることの1つは何ですか。

**1** たいていジャズ音楽を演奏する。

**2** 外国で多くのコンサートを開いたことがある。

**3** 幼いころからずっとピアノを弾いている。

**4** 土曜日と日曜日だけ練習する。

解説 ピアノ演奏家であるケンジの話。いろいろなことが紹介されているが，前半部分で「5歳からずっとピアノを弾いている」と言っているので，正解は **3**。

## No. 24　解答　2

Thank you for shopping at Cole's. The new school year starts soon, and we are currently having a back-to-school sale. Items such as pens, notebooks, and backpacks are on sale. Look for items with a round sticker on them. A blue sticker means 20% off, and a red one means 30%. The last day of the sale is Sunday, so hurry now.

**Question:** How can shoppers know what items are on sale?

コールズでのお買い物をありがとうございます。新学期が間もなく始まりますので，私どもはただ今，新学期セールを行っております。ペン，ノート，リュックサックなどの商品がセール中でございます。丸いシールの付いた商品をお探しください。青いシールは20％引き，赤いシールは30％引きでございます。セールの最終日は日曜日ですので，お急ぎください。

**質問：**買い物客はどのようにしてどの品がセール中であるか知ることができるのですか。

**1**　店員に聞くことができる。
**2**　セール品はシールで印が付けられている。
**3**　日曜日まで全品がセール中である。
**4**　セール品は入口近くにある。

**解説**　店でのお知らせの放送である。新学期セール開催のお知らせの後，Look for items with a round sticker on them.「丸いシールの付いた商品をお探しください」と言っているので，正解は**2**。後に出てくるシールの色ごとの具体的な割引率の説明からも推測可能。

## No. 25　解答　3

Ms. Simmons teaches English at a local high school. Last Friday, she received the Teacher of the Year Award. As she is one of the most popular teachers at her school, everyone was happy to hear the news. Sadly, however, Ms. Simmons is retiring at the end of this school year. Students will surely miss her.

**Question:** What will happen at the end of the year?

シモンズ先生は地元の高校で英語を教えている。先週の金曜日，彼女は年間最高教員賞を受賞した。彼女は学校で一番人気のある教員の1人なので，その知らせを聞いて誰もが喜んだ。しかし，悲しいことに，シモンズ先生は今年度末で退職する予定である。きっと生徒たちは寂しがることだろう。

**質問：**年度末に何が起こりますか。

**1**　シモンズ先生が賞を受ける。
**2**　シモンズ先生が別の学校へ移る。
**3**　シモンズ先生がもう教えなくなる。
**4**　シモンズ先生が5クラス教える準備をする。

**解説**　シモンズ先生の紹介。質問の at the end of the year「年度末に」に注意する。Ms. Simmons is retiring at the end of this school year「シモンズ先生は今年度末で退職予定である」と述べられているので，正解は**3**。

## No. 26 解答 2

This year's Summer Fun Musical Festival will be the biggest ever. The three-day festival will feature 15 bands, over 50 food and game booths, and a fireworks show on the last day. Tickets can be purchased online or at any convenience store. Get your tickets now and receive a 15% discount off the regular price. The discount is available only this week!

**Question:** What is one thing mentioned in this announcement?

今年のサマーファン音楽祭はこれまでで最大規模になります。3日間の祭りには15組のバンド, 50を超える食べ物やゲームのブースが参加し, そして最終日には花火大会が催されます。チケットはオンラインもしくはどのコンビニエンスストアでも購入できます。今チケットを購入して通常価格の15％割引を受けてください。割引が受けられるのは今週だけです！

**質問**：このアナウンスで述べられていることの1つは何ですか。

**1** 毎晩花火が見られる。
**2** 今, いつもより安いチケットが買える。
**3** 自分の食べ物を持ってくるべきである。
**4** 身分証明書を携帯すべきである。

解説 音楽祭のお知らせである。最後に述べられている「今チケットを購入すれば通常価格の15%引き」より, 正解は**2**。続く The discount is available only this week!「割引が受けられるのは今週だけ！」もヒントになる。

## No. 27 解答 4

This summer Mark went to Japan for the first time. For two weeks he lived with the Suzuki family in Tokyo. During his stay Mr. and Mrs. Suzuki took Mark to many places including some famous parks, temples and shrines. Mark also enjoyed playing video games with his host brother. He hopes to work in Japan someday.

**Question:** What is one thing Mark did while in Japan?

今年の夏, マークは初めて日本に行った。彼は2週間東京のスズキ家で暮らした。滞在中, スズキ夫妻はマークを有名な公園や寺社を含むいろいろな場所へ連れて行った。また, マークはホストブラザーとテレビゲームをして楽しんだ。彼はいつか日本で働くことができたらと思っている。

**質問**：マークが日本にいる間にしたことの1つは何ですか。

**1** ゲーム会社で働いた。
**2** 日本の学校へ行った。
**3** 東京で友人と会った。
**4** ホストブラザーと遊んだ。

解説 マークが日本でホームステイをした話。後半部分に Mark also enjoyed playing video games with his host brother.「また, ホストブラザーとテレビゲームをして楽しんだ」と述べられているので, 正解は**4**。

## No. 28 解答 2

*Don Quixote* by Spanish writer Cervantes is one of the most popular novels in the world. It has sold over 500 million copies since it was published in 1605. It is about an old man who tries to be a hero. He rides a horse around the country. One day he thinks some windmills are giants and tries to fight with them.

**Question:** What is one thing that we learn about the novel *Don Quixote*?

スペインの作家セルバンテスによる『ドン・キホーテ』は世界で最も人気のある小説の1つである。1605年に出版されて以来，5億冊を超える部数が売れている。それは英雄になろうとする老人についてである。彼は馬に乗って国中を巡る。ある日，彼は風車を巨人だと思い，それと戦おうとする。

**質問:** 小説『ドン・キホーテ』についてわかることの1つは何ですか。

**1** ある登場人物が風車を建てる。

**2** ある登場人物が風車を巨人と間違える。

**3** ある登場人物が英雄を見つけるために旅をする。

**4** ある登場人物が5億人の人々を救う。

解説 スペインの小説『ドン・キホーテ』についての説明。One dayで始まる最後の部分でhe thinks some windmills are giants「彼は風車を巨人だと思う」と述べられているので，正解は**2**。windmillは「風車」。

## No. 29 解答 1

Derek collects stamps. He has over 500 stamps in his collection. He learned about this hobby from his grandfather. Derek and his grandfather often spend time on weekends looking for new stamps. Derek especially likes to find stamps from faraway countries. One of his favorite stamps is from Tanzania in Africa.

**Question:** Why did Derek start collecting stamps?

デレックは切手を集めている。彼のコレクションは500枚を超える。この趣味は祖父から学んだ。デレックと祖父はよく週末の時間を新しい切手を探して過ごす。デレックは特に遠く離れた国の切手を見つけるのが好きである。彼の好きな切手の1枚はアフリカのタンザニアのものである。

**質問:** デレックはなぜ切手収集を始めたのですか。

**1** 祖父がそれを彼に教えたから。

**2** タンザニア訪問中にそれを学んだから。

**3** 学校でそれに関する授業を受けたから。

**4** 週末にすることが欲しかったから。

解説 デレックの切手収集の話。最初の部分にそれを始めたきっかけとして He learned about this hobby from his grandfather.「この趣味を祖父から学んだ」と述べられているので，正解は**1**。次に出てくる「デレックと祖父はよく週末の時間を新しい切手を探して過ごす」からも正解が推測できる。

## *No. 30*  解答  **3**

Lara is president of her high school student council. As student president she has several jobs including talking to the teachers about issues students may have. She is also in charge of organizing the school dance at the end of the year. The school dance begins with her speech, so she is thinking about what to say.

**Question:** What is one of Lara's tasks as student president?

ララは高校の生徒会長である。生徒会長として彼女には，生徒が抱える問題について教員と話すことを含め，いくつかの仕事がある。彼女は年末の学校でのダンスパーティーを企画する責任も負っている。学校のダンスパーティーは彼女のスピーチで始まるので，彼女は何を言うべきか考えている。

**質問：**生徒会長としてのララの仕事の1つは何ですか。

**1** 教員の仕事を手伝う。

**2** 毎日スピーチをする。

**3** 学校のダンスパーティーに関わる。

**4** 生徒にダンスの仕方を教える。

解説　生徒会長のララの話。最初に As student president she has several jobs「生徒会長としていくつかの仕事がある」と述べており，後半で学校のダンスパーティーについてそれを企画することとそこでスピーチをすることが話されているので，正解は**3**。

# 筆記試験
# 解答と解説

問題編　p.32〜43

## 筆記

**1**

| 問題 | 1 | 2 | 3 | 4 | 5 | 6 | 7 | 8 | 9 | 10 | 11 | 12 | 13 | 14 | 15 |
|---|---|---|---|---|---|---|---|---|---|---|---|---|---|---|---|
| 解答 | 3 | 1 | 4 | 1 | 4 | 2 | 2 | 4 | 4 | 3 | 2 | 4 | 2 | 2 | 4 |

**2**

| 問題 | 16 | 17 | 18 | 19 | 20 |
|---|---|---|---|---|---|
| 解答 | 4 | 3 | 1 | 3 | 2 |

**3**

| 問題 | 21 | 22 |
|---|---|---|
| 解答 | 3 | 4 |

**4**

|  | | *A* | | | *B* | | |
|---|---|---|---|---|---|---|---|
| 問題 | 23 | 24 | 25 | 26 | 27 | 28 | 29 |
| 解答 | 2 | 4 | 1 | 2 | 3 | 4 | 3 |

**5**　解説内にある解答例を参照してください。

**6**　解説内にある解答例を参照してください。

**1**

### (1)　解答 3

「エミーとマイクはそれほど空腹ではなかったので，それぞれ1枚ずつ注文する代わりに1枚のピザを分け合うことにした」

**解説**　because以下に「空腹ではなかったので」とあるので，1枚のピザを分け合ったと考えて **3** を選ぶ。shareは「〜を分け合う，共有する」。instead of *doing*「〜する代わりに」もあわせておさえておこう。**1** gather「〜を集める」，**2** afford「〜を持つ［する］余裕がある」，**4** decorate「〜を装飾する」。

### (2)　解答 1

**A**「ねえ，見て，このコンピュータは何て小さいんだろう！」

**B**「ええ，こんなものは今まで全く見たことがないわ。本当に動くのかしら！」

**解説**　「それ（＝コンピュータ）が動く」と考えて，正解は **1**。このworkは「（機械などが）作動する」という意味。workには他に「（計画などが）うまくいく，（薬などが）効く」という意味もある。

### (3)　解答 4

「晴れた日には，その島は100マイル以上も離れたところから見える」

**解説**　「100マイル以上も離れたところから見える」の意味になるように，**4** のvisible「目に見える，可視の」を選ぶ。反対語「見えない，不可視の」はinvisible。**1** definite「明確な」，**2** possible「可能な」，**3** remote「離れた」。

### (4)　解答 1

**A**「試合はあとどれくらいで始まるのかな？　何か飲み物を買いたいよ」

**B**「そうね，私の時計が正しければ，あと10分したら始まるわ」

**解説**　始まりまでの時間を尋ねていると考えて，正解は **1**。how soonは「あとどれくらいしたら」という意味である。**2** のhow fastは速度を，**3** のhow longは物や時間の長さを尋ねるときに用いられる。また，**4** のHow about 〜?は「〜はどうですか」と提案するときに用いられる。

**(5)** 解答 **4**

「エリコは今年の夏，長崎を訪れた。その旅の**目的**は，父親の故郷を訪ね，自分の祖先についてもっと知ることだった」

解説 The (　　) of the trip で「その旅の目的」という意味になると考え，**4**のpurpose「目的」を選ぶ。**1** process「過程」，**2** flight「飛行」，**3** action「行動」。

**(6)** 解答 **2**

「中国は**人口**がとても多いので，中国語は他のどの言語よりも多くの人々に話されている」

解説 後の文に「中国語の話者がどの言語よりも多い」とあるので，the (　　) of China で「中国の人口」になると考えて**2**を選ぶ。population「人口」の「多い／少ない」は large / small で表されることにも注意しよう。**1** knowledge「知識」，**3** tradition「伝統」，**4** scenery「風景」。

**(7)** 解答 **2**

**A**「そのロックコンサートは生中継されるそうだよ」

**B**「本当？　私，ロックが大好きなの。絶対**見逃せ**ないわ」

解説 このlive [laɪv] は「(演奏などが) 生で，実況で」。Bは最後に「それ (＝コンサート) を見逃せない」と言っていると考えて，正解は**2**。ここでのmissは「～を見 [聞き] 逃す」という意味である。**1** explore「～を探検する」，**3** announce「～を公表する」，**4** lose「～を失う」。

**(8)** 解答 **4**

**A**「すごく歌が上手だね，ジュンコ」

**B**「ありがとう。今度はあなたが歌う**番**よ，ジム」

解説 ジュンコが歌い終わり，「今度はあなたの番よ」と言っていると考えて，正解は**4**。turnには名詞で「順番」という意味があり，It's your turn to *do*. で「君が～する番だ」。**1** change「変化」，**2** circle「輪」，**3** order「命令，注文」。

**(9)** 解答 **4**

「ウィリアムズさんは公園で小さな男の子が泣いているのを見た。彼女は彼に優しく話しかけ，なぜ泣いているのか**尋ねた**」

解説 空所の後に why he was crying「なぜ彼は泣いているのか」と間接疑問が続くので，**4**のasked「～を尋ねた」が正解。**1** explain「～を説明する」，**2** gain「～を手に入れる」，**3** translate「～を翻訳する」。

**(10)** 解答 **3**

**A**「ロジャー，これらの事業計画はあまり良くないなあ。改良の**余地**がたくさんあるぞ」

**B**「申し訳ありません，ジョーンズさん。もう少し検討します」

解説 AはBの仕事に満足しておらず，「改善の余地 (room for improvement)」があると言っているのである。ここでのroomは「余地」という意味で，不可算名詞扱い。したがって，many ではなく much が用いられていることにも注意しよう。**1** failure「失敗」，**2** hall「ホール，玄関」，**4** proof「証拠」。

**(11)** 解答 **2**

**A**「何人ぐらいの人がパーティーに**姿を見せる**かな？」

**B**「よくわからないけれど，100人を超えると思うなあ」

解説 Aはパーティーの出席者数を尋ねていると考えて，正解は**2**。turn up は「姿を現す (＝appear)」という意味で，turn up at the party で「パーティーに現れる」という意味。ちなみにshow up も同じ意味を表す。

**(12)** 解答 **4**

**A**「もしもし，モリー。車が**故障**してそこに時間どおりに行けそうにないんだ」

**B**「あら，大変，アダム。ここにいるみんながあなたを待っているのよ」

解説 break down は「(車などが) 故障する」という意味。他の「故障する」を表す言い方には go [get] out of order，go wrong などがある。**1** take place「起こる」，**2** drop by「立ち寄る」，**3** stand out「突出する，目立つ」。

**(13)** 解答 **2**

「少年たちは洞くつの中で壁画を**偶然に**発見した」

解説 by chance で「偶然に (＝ by accident)」という意味。on purpose「故意に」の反対表現である。wall painting は「壁画」，cave は「洞くつ」。

**(14)** 解答 **2**

「その飛行機は午後9時30分に成田空港を**離陸**し，シドニーに明朝8時15分に到着予定である」

解説 ここでのtake off は「離陸する」という意味。ちなみに，反対の「着陸する」は land である。take off には，他に take ～ off または take off ～ の形で「(服など) を脱ぐ (⇔put ～ on / put on ～)」の意味もあるのであわせておさえておこう。

## (15) 解答 4

**A**「レポートを手伝ってくれてありがとう。お返しにあなたに何ができるかしら？」

**B**「何もいらないよ。僕はただお役に立てただけでうれしいんだ」

解説　Aはお礼を述べ，お返しに何ができるのか聞いていると考えられるので，正解は **4**。in return で「お返しに」という意味である。**3** は in vain で「無駄に，むなしく」の意味。

---

## 2

## (16) 解答 4

**A**「それで，先生，私はどこが悪いんですか」

**B**「うーん。おそらく私たちはもう少し検査をする必要がありますね」

**A**「まあ，本当にそんなに悪いんですか」

**B**「それほど深刻ではないと思いますが，はっきり調べた方がいいですね」

**1** これ以上薬を飲む必要はありません

**2** 年次報告書を書くでしょう

**3** 病院から請求書が来るでしょう

**4** もう少し検査をする必要があります

解説　後に出てくる「そんなに悪いんですか」と「それほど深刻ではないと思いますが，〜」のやりとりにうまくつながる医師の発言が，さらに検査を勧めている **4**。that bad の that は副詞で「そんなに」という意味で使われている。

## (17) 解答 3

**A**「こんにちは，僕はスティーブです。あなたはきっとリサのお姉さん［妹さん］ですね」

**B**「そうですよ。どうしてわかったのですか」

**A**「学校でリサとクラスが同じなのですが，あなたがたは本当にそっくりです」

**B**「多くの人がそう言うんですよ」

**1** あなたがたはお互いに違います

**2** 彼女は見ればすぐわかります

**3** あなたがたは本当にそっくりです

**4** 彼女が私にあなたに会うように頼んだのです

解説　男性に「〜のお姉さん［妹さん］ですね」と言い当てられた女性が，どうしてそれがわかったのか理由を尋ねている。その理由は **3** の「そっくりだから」である。

## (18) 解答 1

**A**「明日，私の家でパーティーを開く予定なの。ビル，あなたも来ない？」

**B**「明日？　悪いけれど仕事があるんだ，ジェーン」

**A**「あら，残念ね！　仕事が終わってから来られないかしら？」

**B**「遅くまで終わりそうにないんだ。でも，ありがとう」

**1** 仕事が終わってから来られないかしら

**2** 何日があなたの都合がいいの

**3** なぜ昨日来なかったの

**4** 代わりに明日パーティーを開きませんか

解説　AがBをパーティーに誘っている場面。仕事で行けないと言うBに対して，Aは何と発言しているか。その後でBは「遅くまで終わらない」と言っているので，正解は **1**。Thanks, anyway. は「（目的は達成できなかったが）でも，ありがとう」という意味。

## (19)(20)

**A**「すみません，市立図書館へ行く道を教えていただけないでしょうか」

**B**「いいですよ。3つ目の角を右に曲がって，そのまままっすぐ行ってください。左手に見つかりますよ」

**A**「3つ目の角を左に曲がって，それから…」

**B**「いいえ，そこを右に曲がらなくてはいけません。図書館までの地図を描きましょうか」

**A**「あら，大丈夫です。そこまでしていただかなくて。そこまで行けると思いますので」

**B**「近くまで行けば見逃すことはありませんよ」

**A**「ありがとうございます。そこはここから遠いですか」

**B**「いいえ，歩いて10分しかかかりません」

## (19) 解答 3

**1**（図書館へは）初めての訪問ですか

**2**（図書館まで）バスに乗りますか

**3**（図書館までの）地図を描きましょうか

**4**（図書館まで）すぐに戻りますか

解説　BがTurn right at the third corner and ... と教

えてくれた図書館への行き方を，AがTurn left at the third corner and ... と間違ったので，Bは「地図を描きましょうか」と申し出てくれたのである。

## (20)　解答 2

**1** 歩いて行ける距離
**2** ここから遠い
**3** 駅に近い
**4** 今日の午後開館して

解説 最後にBがNo, it's only ten minutes' walk. と言っているので，Aは図書館までの距離を尋ねていると考えて正解は**2**。**1**の「歩いて行ける距離ですか」も距離を尋ねているが，直後の「いいえ，歩いて10分です」という応答に合わないので不適。

## 3

全訳

**小旅行**

　リョウタは旅行が好きである。若いころはたくさん旅をしたが，仕事がとても忙しくなり外国に行く時間がとれないでいた。ある日，1週間の休暇を取る機会を得た。外国に行こうと考えたが，その時期は飛行機代が高かった。彼は遠くへ旅行することをあきらめ，電車かバスで行けるところを探した。

　旅行代理店のサイトを調べていると，彼が住む市に近いところに小さな町を見つけた。サイトによるとそこには良い温泉があるということなので，そこに行くことに決めた。その町を訪れるのは初めてだったが，彼はそこがとても魅力的だとわかった。土地の人々は親切で食べ物も申し分なかった。リョウタは，毎日温泉を楽しみ，ゆったりとした時間を過ごした。彼は友達とまた来ようと心に決めた。

## (21)　解答 3

**1** 駅に行った
**2** 旅行しないことに決めた
**3** 遠くへ旅行することをあきらめた
**4** 自分のお金をすべて使い果たした

解説 空所直前の部分に「外国に行こうと考えたが，その時期は飛行機代が高かった」とある。空所後は，「彼は～して，電車やバスで行けるところを探した」という文脈なので，正解は**3**。飛行機代が高いので外国へ行くことをあきらめたのである。give up *doing*は「～するのをやめる，あきらめる」。

## (22)　解答 4

**1** 気分が悪くなり始めた
**2** 滞在中退屈した
**3** 家に帰りたかった
**4** そこがとても魅力的だとわかった

解説 直後にPeople there were friendly, and the food there was great. 「土地の人々は親切で，食べ物は申し分なかった」とあることから，リョウタはその場所をとても気に入ったことがわかるので，正解は**4**。他の選択肢はすべて否定的な内容なので不適。

全訳

差出人：ビル・ロジャーズ

受取人：ユキ・サイトウ

日付：3月12日

件名：料理を習っていること

こんにちは，ユキ。

　北海道の生活はどうですか。さて，素敵な山の写真を送ってくれてどうもありがとう。君はこんなに美しい雪山の近くに住めてとても幸運ですね。僕はその写真を自分の部屋の壁に貼って，毎日見ています。その写真を見ると，僕が幼い子供のころに住んでいた町のことを思い出します。

　今住んでいる市はスキー場から遠いので，あまりスキーに行きません。その代わり，僕はよくスケートに行きます。僕たちの家から1マイルほどのところに新しくできたスケートリンクがあります。そこは夜8時まで開いています。学校は3時ごろ終わるので，たいてい放課後に行きます。すると気分がとてもリフレッシュして，夜遅くまで一生懸命勉強する気になれるのです。

　この9月，僕は大学に入って，アパートで一人暮らしをする予定です。それで僕は今料理を習っています。母は，僕が料理の仕方を知っていた方がいいと言い，それで僕に教えているのです。僕は何でも自分でできるようになりたいと思います！　ユキ，あなたは料理が上手ですか。いつか，あなたの地元料理のレシピをくださいね。

あなたの友達，

ビル

**(23)**　解答　**2**

「ユキがビルに送ったものは」

**1** ユキが学校で描いた大きなポスター。

**2** 雪で覆われた山の写真。

**3** 雪だるまが描いてあるはがき。

**4** ユキが子供のころ住んでいた町についての本。

解説　第1段落第2文に thank you very much for the fantastic photos of the mountains「素敵な山の写真を送ってくれてどうもありがとう」とあるので，正解は**2**。また，その次の文中にある such beautiful snow-covered mountains「こんなに美しい雪山」もヒントになる。

**(24)**　解答　**4**

「ビルがユキに言っていることは」

**1** 今年の冬にスキーに行くことを計画している。

**2** 新しいスケートリンクが自宅の隣にある。

**3** 毎日夜遅くまで勉強している。

**4** 放課後スケートに行くとリフレッシュする。

解説　第2段落では，スケートのことが述べられ，第5文に School finishes around three, so I usually go after that.「学校が3時ごろ終わるので，たいていその後に（スケートをしに）行く」とある。そしてその後に Then I feel quite refreshed「そうするととてもリフレッシュする」とあるので，**4**が正解。

**(25)**　解答　**1**

「なぜビルは今，料理を習っているのですか」

**1** 彼は一人暮らしをする予定だから。

**2** 彼は料理人になりたいから。

**3** 母親が学校で料理を教えているから。

**4** 彼はユキに夕食を作りたいから。

解説　第3段落の冒頭に，I'll go to college and live alone in an apartment「大学に入ってアパートで一人暮らしをする予定である」とあり，さらにその次の文に So, I'm learning how to cook now.「それで今，料理の仕方を習っている」とあるので，**1**が正解。

**4B**

全訳

**ドゴンの仮面舞踊**

　西アフリカのマリという国には，ドゴン族として知られる民族がいる。このところの時勢が彼らの生活様式に多くの変化をもたらしたものの，彼らは自分たちの文化的伝統の多くに従いそれを実践し続けている。ドゴン族は美術や工芸，建築，そしてさまざまな踊りで知られている。この踊りはドゴン文化の最もよく知

られている要素の1つであり，彼らは，結婚や季節の変化，人生の重大事など，さまざまな理由や機会によってこの踊りを踊る。

　最も重要な踊りの1つはダーマと呼ばれるドゴン族の仮面舞踊である。ダーマは，亡くなった長老を敬うために，その人物の死後2，3年経った後に演じられる。踊り手たちは動物や死者の魂を表す仮面をつける。仮面舞踊の目的は死者の魂を終の安息の地に導くことである。ダーマの仮面やその演じ方は村により異なる。仮面舞踊は，豊作をお祝いしたり狩りの成功を称えたりするためにも2，3年に1度演じられる。

　多くのさまざまなタイプの仮面が踊りの中で使用される。さまざまな仮面のデザインの数は80にものぼる。木製の仮面は，赤や黒，白，茶色に装飾される。若者や老人，女性，外国人などの人間を表す仮面もあるし，動物を表すものもある。ドゴン族で一番重要な仮面は，「大仮面」，すなわち「すべての仮面の母」である。それはとても大きいので，身につけるのではなく手で掲げられる。

　伝統的に，ダーマなどの踊りは外部の者の前では演じられない。しかし，外部の者がその踊りの短縮版を見られるツアーや特別な公演もある。今日，ドゴン地域や村々は，マリのような国や西アフリカ全体の主要観光スポットになっている。

### *(26)*　解答 **2**

「ドゴン文化について正しいものはどれですか」

**1** その文化的伝統にアフリカ中の人々が従っている。

**2** 工芸や踊りのようなもので有名である。

**3** 近年，その伝統の多くが消失した。

**4** 彼らの伝統が他の国々の生活様式に影響を与えている。

解説　第1段落には，ドゴン文化について全般的な紹介とその踊りについての導入的説明がある。第1段落第3文に They are known for their arts and crafts, architecture, and various dances.「彼らは美術や工芸，建築，さまざまな踊りで知られている」とあるので，正解は **2**。

### *(27)*　解答 **3**

「ダーマと呼ばれる仮面舞踊は」

**1** 家庭から悪霊を追い払うと考えられている。

**2** 旅行者たちにその地域を案内するために演じられる。

**3** 長老たちの死後に彼らに敬意を表すために行われる。

**4** 病気の人を回復させると信じられている。

解説　第2段落ではドゴン族の最も重要な踊りの1つである仮面舞踊ダーマが紹介されている。第2文に The Dama is performed to honor a respected elder two or three years after the person has died.「ダーマは，亡くなった長老に敬意を表すために死後2，3年後に演じられる」とあるので正解は **3**。

### *(28)*　解答 **4**

「仮面のいくつかは」

**1** 有名な外国のデザイナーにより描かれている。

**2** その地域の若者によって作られる。

**3** その国の王や女王を表す。

**4** さまざまな種類の人々や動物を表す。

解説　第3段落は，踊りに使用される仮面の紹介である。第4文に Some masks represent human characters「人間を表す仮面もある」とあり，さらに第5文に Some represent animals.「動物を表すものもある」とあるので，正解は **4**。stand for ~ は「~を表す（= represent）」という意味である。

### *(29)*　解答 **3**

「ドゴン文化が変化しているのは」

**1** 西アフリカに残るドゴン族の人々がごくわずかだからである。

**2** 若い世代がもはや伝統に従わないからである。

**3** 外部の人々が彼らの踊りに興味を持つようになったからである。

**4** ドゴンの踊りが今は主に外国人観光客によって演じられるからである。

解説　第4段落ではドゴン文化の現在の状況が説明されている。以前は外部には非公開だったダーマなどの踊りが，今日ではドゴン地域が観光地となり，外部の人々も踊りの短縮版を見られるようになっている。よって，正解は **3**。**4** は，観光客はその踊りの見学はできるとはあるが演じられるという記述はないので不適。

**5**

問題文の訳

こんにちは！

ねえねえ，聞いてよ！　私は今度の土曜日にマラソンに出場するの。自転車レースに出たかったんだけど，母がそれは危険すぎると考えてね。代わりにマラソンに出るように勧めてくれたの。もし時間があったら，レースを見に来てね。マラソンについてはわくわくするけど，それに向けてのトレーニングは疲れるわ。毎日走りに行かねばならないもの。あなたは今後，マラソンの人気がもっと高まると思う？

あなたの友達，
クララ

―――――――――――――――――――――――――――――――――――――――――

こんにちは，クララ！

Eメールをありがとう。
[解答欄に記入しなさい。]
では，

―――――――――――――――――――――――――――――――――――――――――

| 解答例 | 解答例の訳 |
|---|---|
| I didn't know you were interested in running. It's surprising that you will enter a marathon! Where will the marathon take place? Do you have to pay money to participate in the marathon? I'll answer yes to your question because many people are now starting to jog for their health! (50語) | あなたが走ることに興味があるとは知らなかった。あなたがマラソンに出場するとは驚きね！　そのマラソンはどこで行われるの？　あなたはそのマラソンに参加するためにお金を払わなければならないの？　私はあなたの質問に，はいと答えるわ。だって，今，たくさんの人が健康のためにジョギングを始めているんですもの！ |

**解説**　与えられたEメールは，今度の土曜日にマラソンに参加することとそのいきさつを伝え，マラソンを見に来ることを勧めつつ，マラソンへ向けてのトレーニングが大変であることを述べ，最後にマラソンの人気が今後もっと高まると思うかどうかを尋ねている。

　まず，クララのEメールへのリアクションを書く。解答例では，「あなたが走ることに興味があるとは知らなかった」と述べた後，It's surprising that .... 「…とは驚きだ」と自分がその報告を受けて驚いたことを伝えている。同じ内容を I'm surprised (to hear) that .... 「私は…ことに（…と聞いて）驚いた」という表現を使って表すこともできる。

　次に a marathon「マラソン」の特徴を問う質問を2つ書く。解答例では，前文のリアクションで「驚きだ」と書いたので，それに続けて，1つ目の質問として「そのマラソンはどこで行われるのか」と，マラソンが行われる場所を尋ねている。2つ目は「あなたはそのマラソンに参加するためにお金を払わなければならないのか」と参加に必要なものについて尋ねている。他に「何人の人がそのマラソンで走るのか（How many people will run in the marathon?）」など，マラソンの規模を尋ねるような質問も考えられる。

　最後にクララの質問に答える。As for your question, I think that .... 「あなたの質問について，私は…と思う」と書くのが定石だが，解答例では I'll answer yes to your question「私はあなたの質問に，はいと答える」と書いて，自分がその質問に対して肯定的であることを示している。その後で，「今，たくさんの人が健康のためにジョギングを始めているから」と理由を述べている。逆の立場の場合には，「マラソンはほとんどの人にとって大変すぎる（Marathons are too hard for most people.）」や「マラソンにはたくさんの準備が必要である（People

30

need a lot of preparation for a marathon.)」などが考えられる。

## 6

QUESTIONの訳
あなたはスマートフォンは小さな子供に必要だと思いますか。

---

**解答例①**

I think smartphones are necessary for small children. There are two reasons for this. First, children can become familiar with technology. In this computer age, it is necessary to learn how to use smartphones as early as possible. Second, smartphones are useful for learning. There are many educational tools on them. Therefore, I think small children need smartphones. (58語)

**解答例①の訳**

私はスマートフォンは小さな子供に必要だと思います。これには理由が2つあります。まず，子供たちがテクノロジーをよく知ることができるようになるからです。このコンピュータ時代においては，スマートフォンの使い方をできるだけ早く身につけることが必要です。2番目に，スマートフォンは学びに役立つからです。スマートフォンには教育的なツールがたくさんあります。したがって，私は小さな子供にスマートフォンが必要だと思います。

---

**解答例②**

I don't think smartphones are necessary for small children. First of all, they are too young to use the Internet properly. They might access bad websites with their smartphone. Also, small children shouldn't carry such expensive things. They might break or lose them. That is why I think it is too early for small children to have smartphones. (58語)

**解答例②の訳**

私はスマートフォンは小さな子供に必要ないと思います。第一に，彼らはインターネットを適切に使うには幼すぎます。スマートフォンで悪質なサイトにアクセスしてしまうかもしれません。また，小さな子供がそんな高価なものを持ち歩くべきではありません。壊したりなくしたりするかもしれません。このような理由で私はスマートフォンを持つことは小さな子供には早すぎると思います。

---

**解説** まず，質問に対して「そう思うか（Yes），そう思わないか（No）」の立場を，I think ....またはI don't think ....を用いて表す。解答例①ではYesの立場を選び，解答例②ではNoの立場を選んでいる。

解答例①では，最初にThere are two reasons for this.「これには理由が2つある」と書いて，次に理由が2つくることを示している。ただし，この文は全体の語数に余裕がない場合には省略しても構わない。1つ目の理由はFirst「1つ目に」で導入し，小さいころからスマートフォンに触れることにより，「子供たちはテクノロジーをよく知ることができるようになる」とした。そして次に，それが重要であることの背景として，「このコンピュータ時代において，できるだけ早くスマートフォンの使い方を身につけることが必要である」と示した。2つ目の理由はSecond「2番目に」で始め，スマートフォンの学習面における有効性を指摘した。「教育的なツール（educational tools）」としたが，「ツール」の代わりに「アプリ（applicationまたはapp）」を用いて，「役に立つアプリ（helpful apps [applications]）」などと表現してもよいだろう。最後に全体のまとめを書く。Therefore「したがって，ゆえに」という接続表現で始めて，次に結論がくることを示した。続いてI think ....の後に冒頭で述べた内容を書けば，まとめの文となる。ただし，解答例①では，質問文のsmartphones are necessary for small childrenという言い方から少し変えて「小さな子供たちにはスマートフォンが必要である（small children need smartphones）」とした。

解答例②では，最初の理由はFirst of all「まず第一に」で導入し，小さな子供たちはインターネットを適切に使うには幼すぎると論じた。そして悪質サイトにアクセスする可能性を指摘した。2つ目の理由はAlso「また」

で始め，小さな子供がスマートフォンのような高価なものを持ち歩く危険性を指摘した。まとめの文はThat is why 〜.「そういうわけで〜です」で導入し，質問の文を少し変えて，「小さな子供がスマートフォンを持つのは早すぎる（it is too early for small children to have smartphones）」と書いた。このように，まとめの文は質問の内容を変えない範囲で別の表現で言い換えると表現のバリエーションのあるさらに良い解答になる。

# リスニングテスト
# 解答と解説

問題編 p.46〜49

## リスニング

**第1部**

| 問題 | 1 | 2 | 3 | 4 | 5 | 6 | 7 | 8 | 9 | 10 |
|---|---|---|---|---|---|---|---|---|---|---|
| 解答 | 2 | 3 | 2 | 1 | 1 | 3 | 1 | 1 | 1 | 3 |

**第2部**

| 問題 | 11 | 12 | 13 | 14 | 15 | 16 | 17 | 18 | 19 | 20 |
|---|---|---|---|---|---|---|---|---|---|---|
| 解答 | 3 | 2 | 3 | 3 | 3 | 2 | 3 | 4 | 4 | 2 |

**第3部**

| 問題 | 21 | 22 | 23 | 24 | 25 | 26 | 27 | 28 | 29 | 30 |
|---|---|---|---|---|---|---|---|---|---|---|
| 解答 | 2 | 3 | 1 | 3 | 4 | 2 | 3 | 4 | 4 | 2 |

**第1部** 🔊 034〜044

**Day 3**

### No. 1 解答 2

☆：Dad, can I borrow the car this Saturday?
★：Hmm. Where are you planning to go?
☆：Lara, Josh, and I were thinking about going to Crystal Lake.
**1** Oh, it's only $5.00 to rent a boat.
**2** OK. As long as you come back before dark.
**3** Well, I usually go to work by car.

☆：お父さん，今度の土曜日に車を借りてもいいかしら？
★：うーん。どこに行くつもりなんだい？
☆：ララとジョシュと私でクリスタルレイクに行くことを考えているの。
**1** ああ，ボートを借りるのはたったの5ドルだよ。
**2** いいよ。暗くなる前に帰ってくればね。
**3** そうだな，私は普段，車で仕事に行くよ。

**解説** 娘と父親の対話。話題の中心は，冒頭のcan I borrow the car this Saturday?「今度の土曜日に車を借りていい？」。正解は**2**で，父親は「暗くなる前に帰る」という条件付きで許可している。as long as 〜 は，接続詞的な表現で「〜しさえすれば，〜する限りにおいて」。

### No. 2 解答 3

☆：How was your homestay in Spain?
★：It was great. My host family was so kind.
☆：How about your Spanish language ability?
**1** I really enjoyed Spanish food.
**2** I have two dictionaries.
**3** I think it's a little better than before.

☆：スペインでのホームステイはどうだった？
★：すごく良かったよ。ホストファミリーがとても親切だったんだ。
☆：あなたのスペイン語の実力はどう？
**1** スペイン料理を本当に楽しんだよ。
**2** 辞書を2冊持っているよ。
**3** 前より少しうまくなったと思うよ。

**解説** 前半から話題は男の子のスペインでのホームステイであることをつかもう。対話最後にHow about your Spanish language ability?「あなたのスペイン語の実力はどう？」と聞いているので，「少し良くなった」と答えている**3**が正解。

## *No. 3*  解答 **2**

☆：Hi, John. It's Abby. What are you taking to Darren's party?

★：I'm going to make a potato salad using my mom's recipe.

☆：That sounds delicious. I still haven't decided what I'm bringing.

**1** He is celebrating his 21st birthday.

**2** You should make your tasty cookies.

**3** My mom is a really good cook.

☆：もしもし，ジョン。アビーよ。あなたはダレンのパーティーに何を持っていくつもりなの？

★：母のレシピを使ってポテトサラダを作るつもりだよ。

☆：おいしそうね。私はまだ何を持っていくか決めていないのよ。

**1** 彼は21歳の誕生日をお祝いするんだよ。

**2** 君のおいしいクッキーを作ればいいよ。

**3** 僕の母は本当に料理がうまいんだ。

解説　電話での友人同士の会話。冒頭部分から，女の子の相談は「ダレンのパーティーに何を持っていくか」。正解は**2**で，男の子は女の子にクッキーを持っていけばよいと提案している。

## *No. 4*  解答 **1**

★：What do you want to ride next?

☆：Something thrilling. How about the Red Dragon?

★：I don't know.... I don't really like rollercoasters.

**1** Ah, come on. Don't be afraid.

**2** Hurry, the show starts in 10 minutes.

**3** Oh, it's for children 9 years and older.

★：次は何に乗りたい？

☆：何かスリルがあるもの。ザ・レッドドラゴンはどうかしら？

★：どうかな…。ジェットコースターはあまり好きじゃないんだ。

**1** あら，大丈夫よ。怖がることないわ。

**2** 急いで，ショーは10分後に始まるの。

**3** まあ，それは9歳以上の子供向けね。

解説　遊園地での対話。男性が女性の提案に I don't know「どうかな，さあね」と乗り気でなく，I don't really like rollercoasters.「ジェットコースターはあまり好きではない」と言っているので，適切な応答は「大丈夫。怖がることないわ」と言っている**1**。

## *No. 5*  解答 **1**

★：Could you send me our presentation file?

☆：Sure. What happened? Did you lose the file?

★：I think I deleted the file from my computer.

**1** OK. I'll attach it to an email.

**2** OK. We should find it today.

**3** OK. It is better than the old one.

★：僕たちの発表のファイルを送ってくれませんか。

☆：いいわよ。どうしたの？　ファイルをなくしたの？

★：どうもコンピュータからそのファイルを削除したらしいんです。

**1** わかったわ。メールに添付するわ。

**2** わかったわ。今日それを見つけましょう。

**3** わかったわ。それは古いものよりいいわね。

解説　冒頭の Could you send me our presentation file?「僕たちの発表のファイルを送ってくれませんか」という状況における適切な応答を考える。正解は**1**。attach *A* to *B* は「*A* を *B* に添付する」という意味。

## No. 6 解答 3

☆：How much is that watch there?
★：That one is $250.
☆：That's a little expensive. Do you have anything cheaper?
1 I cannot give you any discount.
2 I prefer the black one.
3 **This one is $50 less.**

☆：あそこのあの腕時計はおいくらですか。
★：あちらは250ドルです。
☆：それは少し高いわ。もっと安いものはありませんか。
1 割引することはできません。
2 黒いものの方が好きです。
3 こちらのものはそれより50ドル安いです。

解説　前半部分から腕時計を購入しようとしている場面であることをつかもう。最後のDo you have anything cheaper?「もっと安いものはないか」に対して適切な応答は，50ドル安いものを提示している**3**。

## No. 7 解答 1

★：Mom, I want to play my video game, but Sally keeps watching TV.
☆：I told you and Sally to do your homework first.
★：I know, but I only wanted to play it for half an hour.
1 **Both of you go do your homework now.**
2 No, you can't get a new game for your birthday.
3 Well, the TV won't be fixed until this Sunday.

★：お母さん，テレビゲームをしたいんだけど，サリーがずっとテレビを見ているんだ。
☆：あなたとサリーには先に宿題をしなさいと言ったでしょう。
★：そうだけど，30分やりたかっただけなんだ。
1 すぐに2人とも宿題をしに行きなさい。
2 いいえ，誕生日に新しいゲームはもらえないわよ。
3 そうねえ，テレビは今度の日曜まで直らないのよ。

解説　男の子と母親の対話。男の子の訴えに対して，母親はI told you and Sally to do your homework first.「あなたとサリーに先に宿題をしなさいと言ったでしょう」と注意していることを理解する。正解はその発言と同じ内容である**1**。

## No. 8 解答 1

★：Sorry ma'am, but your suitcase is too heavy. It's 1 kilogram over the weight limit.
☆：Oh. Well, what should I do?
★：Please pay an additional fee or move some items to your handbag.
1 **OK. I'll just transfer some things to my bag.**
2 Thanks. My suitcase is the orange one.
3 Yes. I'm transferring flights in London.

★：お客さま，申し訳ございませんが，お客さまのスーツケースは重すぎます。重量制限よりも1キロオーバーです。
☆：まあ。それでは，どうしたらいいでしょうか。
★：追加料金をお支払いいただくか，お荷物を少しハンドバッグに移していただけますでしょうか。
1 わかりました。少し荷物を私のバッグに移すことにします。
2 ありがとう。私のスーツケースはオレンジ色のものです。
3 ええ。私はロンドンで乗り換えます。

解説　空港で手荷物を預ける場面である。荷物の重量超過に対しpay an additional fee「追加料金を払う」とmove some items to your handbag「荷物をハンドバッグに移す」の2つが提案されている。正解は後者を選んでいる**1**。transfer [trænsfə́ːr]は「～を移動させる，乗り換える」。

**Day 3**

## No. 9　解答　1

| | |
|---|---|
| ★：Excuse me. Is this Oak Street? | ★：すみません。ここはオーク通りですか。 |
| ☆：No, this is Elm Street. Oak Street is one more block west. | ☆：いいえ，ここはエルム通りです。オーク通りはもう1ブロック西です。 |
| ★：I see. Should I go this way? | ★：わかりました。こちらを行けばいいのでしょうか。 |
| **1** Yes, just go down this street. | **1** はい，ただこの通りをお進みください。 |
| **2** Yes, there are good restaurants there. | **2** はい，そこにはいいレストランがあります。 |
| **3** Yes, the subway station is on the corner. | **3** はい，地下鉄の駅は角にあります。 |

解説　前半部分から道を尋ねている場面であることをつかもう。最後の Should I go this way?「こちらを行けばいいのでしょうか」に対して適切な応答は，「そうだ」と答えている**1**。

## No. 10　解答　3

| | |
|---|---|
| ☆：I'd like to return these shoes. They're too tight. | ☆：この靴を返品したいのですが。きつすぎるのです。 |
| ★：Of course. Shall I change them to ones that are a little larger? | ★：もちろんでございます。少し大きいものに交換いたしましょうか。 |
| ☆：That would be nice. | ☆：そうしていただけると助かります。 |
| **1** OK. The red ones are over there. | **1** 承知しました。赤い靴は向こうにございます。 |
| **2** OK. I'll clean them with a soft cloth. | **2** 承知しました。柔らかい布できれいにしましょう。 |
| **3** OK. Let me go check in the back. | **3** 承知しました。裏に確認に行かせてください。 |

解説　靴店での客と店員の対話。Shall I change them to ones that are a little larger?「少し大きいものに交換しましょうか」という提案の次に言う店員の発言は，「確認しに行かせてくれ」と言っている**3**。

---

### 第2部　◀))045〜055

## No. 11　解答　3

| | |
|---|---|
| ☆：My friend gave me free tickets to a concert next Friday. Are you free? | ☆：友達が次の金曜日のコンサートの無料チケットをくれたの。あなた時間あるかしら？ |
| ★：What kind of music? | ★：どんな種類の音楽？ |
| ☆：Classical. He plays clarinet with the Boston City Symphony. | ☆：クラシックよ。彼はボストン市民交響楽団でクラリネットを吹いているの。 |
| ★：That sounds nice. I'd love to join you. | ★：良さそうだね。ぜひ一緒に行きたいよ。 |
| **Question:** How did the woman get the tickets? | **質問**：女性はどのようにしてそのチケットを手に入れたのですか。 |

**1** 購入した。
**2** 交響楽団で演奏している。
**3** 友達から受け取った。
**4** コンテストで勝ち取った。

解説　友人同士の対話。冒頭で My friend gave me free tickets to a concert next Friday.「友達が次の金曜日のコンサートの無料チケットをくれた」と言っているので，正解は**3**。

## No. 12  解答 2

☆：I'll be on vacation all next week. If something comes up, email me.

★：OK. What if someone wants to talk to you directly?

☆：Tell them I'll get back to them on Monday. Don't give them my phone number.

★：Of course not. Have a great vacation!

**Question:** What should the man do if someone needs to contact the woman?

☆：私，来週はずっと休暇中です。何か起こったらメールしてね。

★：了解。誰かが君に直接話したいという場合にはどうしようか？

☆：月曜日にこちらから連絡するって伝えてください。私の電話番号は教えないでね。

★：もちろん，教えないよ。いい休暇を！

**質問：** 誰かが女性に連絡を取る必要がある場合，男性はどうすべきですか。

**1** 彼女の上司にメールするように頼む。

**2** 女性が後で連絡すると伝える。

**3** 女性の電話番号を教える。

**4** ただちに女性に電話する。

解説　同僚同士の対話。女性は来週休暇の予定である。女性は, Tell them I'll get back to them on Monday.「月曜日にこちらから連絡すると伝えて」と言っているので，正解は**2**。**3**はその後で「私の電話番号は教えないでね」と付け加えているので不適。

## No. 13  解答 3

★：Two tickets, please. College student discount.

☆：Could I see your student ID?

★：Here you are.

☆：Thank you. That'll be $10.00 in total.

**Question:** Why did the man show his ID?

★：チケットを2枚お願いします。大学生割引です。

☆：学生証を見せていただけますか。

★：はい，どうぞ。

☆：ありがとうございます。合計で10ドルです。

**質問：** 男性はなぜ身分証明書を見せたのですか。

**1** 年齢を証明するため。

**2** 予約を確認するため。

**3** 安くしてもらうため。

**4** 現金を引き出すため。

解説　チケット売り場での対話。冒頭のCollege student discount.「大学生割引」から，正解は**3**。大学生割引だと言っているので，証明しなければいけないのは年齢ではなく大学生かどうか。よって**1**は不適。

## No. 14  解答 3

★：That smells great. What is it?

☆：It's a tomato cream sauce with shrimp for the pasta.

★：Oh no. I can't eat shrimp. I have an allergy.

☆：I'm sorry. I didn't know. I'll make some sauce without it.

**Question:** Why will the woman make another sauce?

★：いいにおいだね。何なの？

☆：パスタのエビ入りトマトクリームソースよ。

★：あれまあ。僕はエビが食べられないんだ。アレルギーがあって。

☆：ごめんなさい。知らなかったわ。エビなしのソースも作るわね。

**質問：** 女性はなぜ別のソースを作るのですか。

**1** 男性がクリームを好きでないから。

**2** ソースが十分にないから。

**3** 男性がエビを食べられないから。

**4** 女性がソースを焦がしたから。

解説　女性が料理をしている場面である。作っているものが「エビ入り」と聞いて，男性がI can't eat shrimp. と言っているので，正解は**3**。それに続いて男性はI have an allergy（[ǽlərdʒi] 発音注意）.「アレルギーがある」と言っていることもヒントになる。

## No. 15　解答　3

★：Excuse me. I found this wallet in the men's restroom.
☆：OK. We'll hold on to it. Hopefully the owner will come to pick it up.
★：Yes, I hope so, too. There's $100 cash and some credit cards in it.
☆：Well, thank you for bringing it in.
**Question:** What does the man want to happen?

★：すみません。この財布を男性トイレで見つけました。
☆：わかりました。保管しておきます。きっと持ち主が受け取りに来るでしょう。
★：ええ、私もそう願います。中に100ドルの現金とクレジットカードが入っていますから。
☆：そうですか，お持ちいただきありがとうございます。
**質問：**男性が起きてほしいと思っていることは何ですか。

**1** 財布を見つけたことで報酬を受け取りたい。
**2** 財布の持ち主に会いたい。
**3** 持ち主が現金とカードを取り戻してほしい。
**4** 誰にも男性のお金を盗まれたくない。

解説 冒頭の発言から，男性が財布を届けに来たことをつかもう。女性がHopefully the owner will come to pick it up.「きっと持ち主がそれを取りに来るでしょう」と言ったのに対して，男性もYes, I hope so, too.「ええ，私もそう願います」と答えているので，正解は**3**。

## No. 16　解答　2

☆：Have you decided which language class to take this year?
★：I can't decide between Chinese or Japanese.
☆：I'd probably choose Chinese. It is the most spoken language in the world.
★：Yeah, I know, but I've always been interested in Japanese culture.
**Question:** What does the woman say about Chinese?

☆：今年はどの言語の授業を取るか決めた？
★：中国語か日本語かで決められないんだ。
☆：私はおそらく中国語を取るわ。世界で一番話されている言語ですもの。
★：うん，そうだけど，僕はずっと日本文化に興味を持っていたからね。
**質問：**女性は中国語について何と言っていますか。

**1** 日本語より学ぶのが簡単である。
**2** 多くの人々によって使われている。
**3** 男性が学ぶ手助けができる。
**4** その文化に興味がある。

解説 友人同士の対話。冒頭の疑問文より，話題は「今年はどの言語の授業を選択するか」。女性は中国語を選択すると言い，中国語についてIt is the most spoken language in the world.「それは世界で一番話されている言語だ」と言っているので，正解は**2**。

## No. 17　解答　3

★ : Hello. Is this Cindy Parker? This is Doctor Davis from Central Clinic.

☆ : Hi, Doctor Davis. Are you calling to confirm my appointment next Tuesday?

★ : Uh, your appointment was scheduled for today at 10 a.m. We were worried about you.

☆ : Today... oh no, I thought it was next week. I'm so sorry. My mistake.

**Question:** Why did the doctor call the woman?

★ : もしもし。シンディ・パーカーさんですか。セントラルクリニックの医師のデイビスです。

☆ : こんにちは，デイビス先生。来週火曜日の予約の確認でお電話をいただいたのでしょうか。

★ : それが，予約は本日午前10時となっていました。あなたのことを心配していたんです。

☆ : 今日…まあどうしましょう，来週だと思っていました。申し訳ありません。私のミスです。

**質問:** 医師はなぜ女性に電話をかけたのですか。

**1** 健康診断の予定を立てるため。
**2** 女性に検査結果を伝えるため。
**3** 彼女がなぜ予約時間に来なかったのか解明するため。
**4** 来週の予約を確認するため。

**解説**　クリニックの医師から女性への電話。医師が「予約は今日の午前10時だった」と言い，それについて女性が I'm so sorry. My mistake.「申し訳ありません。私のミスです」と謝っていることをつかむ。よって，医師の電話の用件は**3**。

## No. 18　解答　4

☆ : Dad, I have a job interview tomorrow.

★ : Oh, I didn't know you were looking for a new job. Is there a problem with your company?

☆ : I'm happy with the salary, but I just feel like trying something new.

★ : Well, good luck. I'm sure you'll do fine.

**Question:** Why is the woman looking for a new job?

☆ : お父さん，明日は私，仕事の面接があるの。

★ : おや，お前が新しい仕事を探しているとは知らなかったよ。今の会社に問題があるのかい？

☆ : お給料には満足しているけど，何か新しいことに挑戦したい気分なのよ。

★ : そうか，頑張ってね。きっとうまくいくよ。

**質問:** 女性はなぜ新しい仕事を探しているのですか。

**1** もっと高い給料が欲しいから。
**2** 仕事から解雇されたから。
**3** 同僚が好きでないから。
**4** 何か別のことをしたいから。

**解説**　娘と父親の対話で，話題は娘の転職である。転職の理由として娘は I just feel like trying something new「ただ新しいことに挑戦したい気分なの」と説明しているので，正解は**4**。**1**は，「給料には満足している」と言っているので不適。

## No. 19 解答 4

☆：Hi, you seem to be in trouble. Can I help you?

★：Yes, thanks. I can't find the restaurant on this map.

☆：That place is hard to find. The entrance is at the rear of this building.

★：I see. Then I just need to go around the corner, right?

**Question:** Why is the restaurant difficult to locate?

☆：こんにちは，お困りのようですね。お手伝いしましょうか。

★：はい，ありがとうございます。この地図にあるレストランが見つからないのです。

☆：その場所は見つけにくいですね。入り口はこの建物の裏側なんですよ。

★：わかりました。それでは，その角を曲がるだけでいいのですね？

**質問：**レストランの場所はなぜ見つけにくいのですか。

**1** にぎやかな通りにあるから。

**2** ドアに看板がないから。

**3** 別の建物の後ろにあるから。

**4** 入り口が見つけにくいから。

解説　女性が困っている様子の男性に話しかけている。男性はレストランを探しているのである。そのレストランについて女性は「見つけにくい」と言った後に，The entrance is at the rear of this building.「入り口はこの建物の裏側だ」と言っているので，正解は**4**。

## No. 20 解答 2

☆：Hi, room service? I'd like to order dinner. Steak and fries, please.

★：Steak and fries. How would you like your steak cooked?

☆：Medium rare. And can I have a salad without dressing?

★：Of course. We'll have that up to you within 20 minutes.

**Question:** What is one thing the woman says about her order?

☆：もしもし，ルームサービスですか。夕食を注文したいと思います。ステーキとフライドポテトをお願いします。

★：ステーキとフライドポテトですね。ステーキの焼き加減はどのようにいたしましょうか。

☆：ミディアムレアでお願いします。そしてドレッシング抜きのサラダをいただけますか。

★：承知いたしました。20分以内にお部屋までお持ちいたします。

**質問：**女性が注文について言っていることの1つは何ですか。

**1** ウェルダンの焼き加減のステーキを頼んだ。

**2** ドレッシング抜きのサラダを頼んだ。

**3** フライドポテトの代わりにマッシュポテトを頼んだ。

**4** 後で届けるように頼んだ。

解説　電話でルームサービスを注文している場面である。注文するものはミディアムレアのステーキとフライドポテト（正式にはFrench fries）。それにa salad without dressing「ドレッシング抜きのサラダ」。よって，正解は**2**。

## *No. 21*  解答 **2**

Donald is spending the summer in France. In America, Donald studies French at his high school. He wants to be able to introduce himself and talk with friends in French by the end of summer. Also, Donald loves art and wants to visit as many museums as he can while he is in Paris.

**Question:** What is one reason Donald is living in France?

ドナルドはフランスで夏を過ごしている。アメリカで，ドナルドは高校でフランス語を勉強している。彼は夏の終わりまでに，フランス語で自己紹介をし，友達と話せるようになりたいと思っている。また，ドナルドは美術が大好きで，パリにいる間にできるだけ多くの美術館を訪れたいと思っている。

**質問**：ドナルドがフランスに住んでいる理由の1つは何ですか。

**1** フランスの大学に通っている。
**2** フランス語を上達させたいと思っている。
**3** 父親がパリで働いている。
**4** パリで何人かの芸術家たちに会う予定である。

解説 フランスで夏を過ごしているドナルドの話。フランスにいる理由として，前半では高校で勉強しているフランス語を上達させたいこと，後半では美術が好きでパリで美術館を訪れたいことを説明している。よって，正解は前半の理由である**2**。

## *No. 22*  解答 **3**

The polka is a form of music and dance originally from the Czech Republic. Starting in the mid-19th century, the polka spread throughout Europe and even reached the U.S. Today, it is still an important part of traditional culture, especially in Eastern and Central Europe. Instruments such as the accordion, clarinet, and drums are used to accompany the dance.

**Question:** What is one thing that we learn about the polka?

ポルカはチェコ共和国が起源の音楽とダンスの一形態である。ポルカは，19世紀の半ばに始まり，ヨーロッパ中に広がり，アメリカにまで達した。今日それは，特に東・中央ヨーロッパにおいて，今も伝統文化の重要な一部となっている。アコーディオンやクラリネットやドラムのような楽器がダンスの伴奏に使われる。

**質問**：ポルカについてわかることの1つは何ですか。

**1** もうヨーロッパでは人気がない。
**2** 今，アメリカでとても人気である。
**3** 100年を超える歴史がある。
**4** チェコ共和国のみで演奏される。

解説 ポルカの説明。前半部分で Starting in the mid-19th century「19世紀の半ばに始まり」と述べられているので，正解は**3**。世界に広がったことが説明されているので**4**は不適。現在の人気については説明がないので，**1**と**2**も不適である。

## *No. 23* 解答 1

Ella is the best player on her high school soccer team. Ella's position is forward. The job of a forward is to score goals. Last month, she played as a forward in the tournament, and her team took second place. In fact, Ella was the top scorer with seven goals during the tournament.

**Question:** What did Ella do for her team?

エラは高校のサッカーチームで一番上手な選手である。エラのポジションはフォワードである。フォワードの仕事はゴールを決めることである。先月、エラは大会でフォワードとしてプレーして、彼女のチームは2位になった。実際、エラは大会中に7ゴールを決め得点王になった。

**質問：**エラはチームのために何をしましたか。

**1** たくさんのゴールを決めた。

**2** チームメートのコーチをした。

**3** 7試合した。

**4** 大会で優勝するのに貢献した。

解説 エラのサッカーの話。冒頭の the best player on her high school soccer team より、エラがサッカーが上手であることをつかむ。さらに、大会については the top scorer with seven goals「7ゴールを決めた得点王」と述べているので、正解は**1**。

## *No. 24* 解答 3

Welcome to Lyn's DIY Store. We have all the tools and supplies you need for your home improvement project. From now until 3 o'clock, all customers will automatically receive a 10 percent discount on purchases over $50 at check-out. No coupon necessary. Popular items are placed near the entrance. Enjoy shopping!

**Question:** What should customers do to receive a discount?

リンズDIYストアにようこそ。私どもはご自宅の改修作業に必要な道具や用品をすべて取り揃えております。今から3時まで、すべてのお客さまに対して、50ドルを超えてお買い上げいただくと、レジで自動的に10%の割引をいたします。クーポンは必要ございません。人気のある商品は入り口近くに並べられています。お買い物をお楽しみください！

**質問：**割引を受けるためには客は何をすべきですか。

**1** 必要なクーポンを提示する。

**2** 少なくとも10点の品物を購入する。

**3** 合計で50ドルを超える金額を支払う。

**4** オンラインで割引に申し込む。

解説 DIYストアでのお知らせの放送である。お知らせの内容は a 10 percent discount on purchases over $50「50ドルを超える購入に10%の割引」であるので、正解は**3**。purchase [pɔ́ːrtʃəs] は名詞として「購入（品）」という意味で使われているが、動詞として「～を買う（＝buy)」という意味もある。

## *No. 25*  解答 **4**

For the past six months Dale has been growing a vegetable garden in his backyard. He started it as he wanted to eat more vegetables for his health. His neighbor Susan gave him some advice. Now Dale grows several vegetables and herbs such as cucumbers, tomatoes, and basil. He makes healthy meals using them.

**Question:** Why did Dale start growing a garden?

ここ6か月，デールは裏庭で野菜菜園を作っている。彼は，健康のためにもっと野菜を食べたいと思い，これを始めた。隣人のスーザンが彼にアドバイスをしてくれた。今，デールはキュウリやトマトやバジルのような数種類の野菜やハーブを栽培している。彼はそれらを使って体に良い食事を作っている。

**質問：** デールはなぜ菜園を始めたのですか。

**1** 野菜を売るため。
**2** 隣人を手伝うため。
**3** 倹約するため。
**4** 食生活を改善するため。

解説　野菜菜園を作っているデールの話。始めた理由は he wanted to eat more vegetables for his health「健康のためにもっと野菜を食べたかった」からなので，正解は**4**。最後に出てくる He makes healthy meals「体に良い食事を作っている」からも推測可能。

## *No. 26*  解答 **2**

Hello, everyone. Welcome to our annual Christmas Concert. The City Orchestra has once again returned to perform your favorite holiday tunes. This year's guest performer is award-winning singer Tammy Wong. Ms. Wong is best known for her leading role in the hit musical *Morning in Manhattan*.

**Question:** What is special about this year's concert?

皆さん，こんにちは。毎年恒例の私たちのクリスマスコンサートにようこそ。市民オーケストラが皆さんの大好きなクリスマス曲を演奏するために再び戻ってきてくれました。今年のゲストは賞を獲得した歌手タミー・ウォンです。ウォンさんはヒットミュージカル『マンハッタンの朝』の主役として一番良く知られています。

**質問：** 今年のコンサートについて特別なことは何ですか。

**1** 市民オーケストラの最初のコンサートである。
**2** 有名な歌手が歌う。
**3** オーケストラが2年ぶりに戻ってくる。
**4** ヒットミュージカルの曲が演奏される。

解説　クリスマスコンサートの開会のアナウンスである。市民オーケストラの紹介の後，This year's guest performer is award-winning singer Tammy Wong.「今年のゲストは賞を獲得した歌手タミー・ウォンです」と紹介され，彼女に関する説明がその後に続くので，正解は**2**。

## No. 27　解答　3

Mr. and Mrs. Nakamura are planning their trip to Europe. They visited Italy ten years ago, and it'll be the second time to visit Europe. The plan is to visit London, Paris, Berlin, and Barcelona over a four-week period. They are looking forward to staying with a German friend while in Berlin. The friend will show them around the town.

**Question:** Why is the trip important to Mr. and Mrs. Nakamura?

ナカムラ夫妻はヨーロッパ旅行を計画している。彼らは10年前にイタリアを訪れたことがあり，ヨーロッパ訪問は2回目になる。計画では4週間の期間にわたりロンドン，パリ，ベルリン，バルセロナを訪問する。彼らはベルリンにいる間にドイツ人の友人のところに滞在するのを楽しみにしている。その友人は彼らに町を案内してくれる予定である。

**質問**：その旅行はなぜナカムラ夫妻にとって大切なのですか。

**1** 初めてヨーロッパを訪れるから。

**2** 一緒に休暇に出かけたことがないから。

**3** ドイツの友人を訪問する予定だから。

**4** ロンドンでたくさんの博物館を訪問する予定だから。

解説　ナカムラ夫妻のヨーロッパ旅行の話。後半にドイツ人の友人についての説明が出てくるが，その最初にThey are looking forward to staying with a German friend「ドイツ人の友人のところに滞在するのを楽しみにしている」と述べられているので，正解は**3**。

## No. 28　解答　4

The story of Robin Hood is one of the most famous of England's legends. The earliest stories go back about 800 years. Since then he has appeared in many stories and movies. He is known for being a criminal who stole from the rich and gave to the poor. However, there is no clear evidence that Robin Hood was a real person.

**Question:** What is one thing we learn about Robin Hood?

ロビン・フッドの物語はイングランドの伝説の中で最も有名なものの1つである。最も初期の話は約800年さかのぼる。それ以来，彼は多くの物語や映画に登場してきた。彼は金持ちから物を盗んで貧しい人々に与えた犯罪人として知られている。しかし，ロビン・フッドが実在の人物だったというはっきりとした証拠はない。

**質問**：ロビン・フッドについてわかることの1つは何ですか。

**1** 映画スターであった。

**2** 実在の歴史上の人物であった。

**3** 最近映画に取り上げられた。

**4** 良いことをした犯罪人だった。

解説　ロビン・フッドについての説明。彼について，a criminal who stole from the rich and gave to the poor「金持ちから物を盗み貧しい人々に与えた犯罪人」と説明されているので，正解は**4**。**2**は，最後に「実在の人物だったというはっきりとした証拠はない」と述べられているので不適。

## No. 29  解答  4

Last summer Lisa went on a family vacation in Florida. She went scuba diving for the first time while there. Along with her father and brother, she took a one-day scuba diving course. In the morning, she learned about equipment and safety. In the afternoon, she had a chance to scuba dive. It was one of the best experiences of her life.

**Question:** What did Lisa do during the first half of the course?

この前の夏，リサはフロリダでの家族の休暇に出かけた。そこにいる間，彼女は初めてスキューバダイビングをしに行った。父と兄［弟］と一緒に，スキューバダイビングの1日コースを受講した。午前中に装備と安全について学んだ。午後にスキューバダイビングをする機会があった。それは彼女の人生最良の経験の1つだった。

**質問：** リサはそのコースの前半に何をしましたか。

**1** 父と兄［弟］がダイビングをするのを見た。
**2** 装備なしでダイビングの練習をした。
**3** 現地の海の生き物についてのビデオを見た。
**4** ダイビング中にどのようにして安全でいるかを学んだ。

解説  リサのスキューバダイビング体験の話。1日のコースの説明は放送文の後半にある。午前中には she learned about equipment and safety「装備と安全について学んだ」と述べられているので，正解は**4**。

## No. 30  解答  2

Every Sunday Sam works as a volunteer at his local soup kitchen. The soup kitchen provides meals for the homeless and people who cannot afford to buy food. Sam and the other volunteers arrive at 3 p.m. to prepare the day's dinner, which is served at 5 p.m. After serving the visitors, Sam sits down and has dinner with them.

**Question:** What is one thing Sam does as a volunteer?

毎週日曜日，サムは地元のスープキッチンでボランティアとして働いている。スープキッチンはホームレスの人や食料を買う余裕がない人々に食事を提供する。サムと他のボランティアは，午後3時に到着してその日の夕食を用意し，それは午後5時に出される。訪れた人々に給仕を終えた後，サムは座って彼らと一緒に夕食をとる。

**質問：** サムがボランティアとしてしていることの1つは何ですか。

**1** きれいに掃除し始める。
**2** 夕食を出す。
**3** 家に帰る。
**4** デザートを用意する。

解説  まず，soup kitchen「スープキッチン」とは何なのか理解しよう。それは，必要とする人々に provides meals「食事を提供する」活動である。よって，正解は**2**。prepare the day's dinner「その日の夕食を用意する」，serving the visitors「訪問者に給仕する」もヒントになる。

Day
**3**

# 筆記試験
# 解答と解説

問題編 p.52〜63

## 筆記

**1**

| 問題 | 1 | 2 | 3 | 4 | 5 | 6 | 7 | 8 | 9 | 10 | 11 | 12 | 13 | 14 | 15 |
|---|---|---|---|---|---|---|---|---|---|---|---|---|---|---|---|
| 解答 | 2 | 4 | 3 | 1 | 1 | 4 | 3 | 4 | 1 | 4 | 3 | 1 | 2 | 4 | 3 |

**2**

| 問題 | 16 | 17 | 18 | 19 | 20 |
|---|---|---|---|---|---|
| 解答 | 1 | 4 | 4 | 3 | 3 |

**3**

| 問題 | 21 | 22 |
|---|---|---|
| 解答 | 2 | 4 |

**4**

|  | | | A | | B | | |
|---|---|---|---|---|---|---|---|
| 問題 | 23 | 24 | 25 | 26 | 27 | 28 | 29 |
| 解答 | 2 | 4 | 4 | 3 | 3 | 2 | 1 |

**5**　解説内にある解答例を参照してください。

**6**　解説内にある解答例を参照してください。

**1**

**(1)**　解答 **2**

「タロウはニューヨークで2, 3年過ごす。渡米の主な理由は，そこでブロードウェイのミュージカルを勉強することだ」

解説　空所後の to study Broadway musicals there「そこでブロードウェイミュージカルを勉強すること」はニューヨークに行く「理由」だと考えられるので，正解は **2**。the [*one's*] reason (for 〜)で「(〜の) 理由」という意味。**1** behavior「行動」，**3** accident「事故」，**4** process「過程」。

**(2)**　解答 **4**

**A**「ジェーンの新しいボーイフレンドに気づいた？」
**B**「うん，彼がとてもハンサムなのには驚いたよ」

解説　BはYesと答えてそのボーイフレンドの印象を述べているので，Aは「ジェーンの新しいボーイフレンドに気づいた？」と聞いたと考えて，**4** を選ぶ。notice は「〜に気づく」。**1** acquire「〜を獲得する」，**2** propose「〜を提案する，申し込む」，**3** bring「〜を持ってくる」。

**(3)**　解答 **3**

**A**「日本料理はお口に合いますか」
**B**「ええ，とても。本当に大好きです」

解説　Japanese food「日本料理」が話題になっている。suit your taste で「あなたの好みに合う」という意味なので，正解は **3**。suit は「〜に合う，適する」，taste は「(個人的な) 好み，味覚」である。**1** size「大きさ」，**2** dish「皿，料理」，**4** hand「手」。

**(4)**　解答 **1**

**A**「この計画は成功すると思うわ」
**B**「君と議論したくはないが，僕はきっと成功しないと思うよ」

解説　AとBは反対意見であることに着目する。argue (with 〜)で「(〜と) 議論する，口論する」という意味。名詞形は argument「議論，口論」。**2** play「遊ぶ」，**3** compare「匹敵する」，**4** hide「隠れる」。

**(5)**　解答 **1**

**A**「明日はどこに行きたいの，ディーン？」

**B**「ビーチはどうかな？　早く出れば, 道路はそれほど混んでいないよ」

解説　「早く出れば道は混まない」と考えて, 正解は**1**。earlyは「(時間的に) 早く」。fast「(速度が) 速く」と区別しよう。**2** silently「黙って」, **3** professionally「専門的に」, **4** recently「最近」。

## (6)　解答　4

**A**「暑いですね」

**B**「そうですね。木陰で休みましょう」

解説　暑いので木の陰で休むことを提案していると考えて, 正解は**4**。shadeは「(日) 陰」で, in the shade of a treeで「木陰で」。**1** guard「見張り, 監視」, **2** cloud「雲」, **3** flow「流れ」。

## (7)　解答　3

**A**「この前はあんなに怒らせてしまって本当にごめんなさい」

**B**「僕も悪かった。あんなに怒ったことを君に謝りたいんだ」

解説　空所直後のto ～ for ... に着目する。apologize to *A* for *B*で「Bの理由でA (人) に謝る, 謝罪する」という意味なので, 正解は**3**。lose *one's* coolは「冷静さを失う」という意味の表現である。**1** save「～を節約する, 保存する」, **2** introduce「～を紹介する」, **4** understand「～を理解する」。

## (8)　解答　4

「ナンシーはテッドに電話すると約束したが, しなかった。彼女の**弁解**はスマートフォンをなくしたということだった」

解説　「電話をしなかった弁解」ということで, **4**のexcuse「弁解, 言い訳」(発音注意[ɪkskjúːs])を選ぶ。make an excuse「言い訳する」という言い方も覚えておこう。**1** essay「小論文, レポート」, **2** effort「努力」, **3** practice「練習」。

## (9)　解答　1

**A**「あなたの今週のスケジュールはどうなっていますか」

**B**「ええ, **ぎっしり詰まっています**。締め切りには間に合わないと思います」

解説　schedule「スケジュール」について聞かれているので, **1**のtight「(予定などが) いっぱい詰まった, ぎっしりの」が正解。meet the deadlineは「締め切りに間に合う」という意味。**2** confident「確信して」, **3**

conscious「意識して」, **4** sudden「突然の」。

## (10)　解答　4

**A**「その飛行機のチケットはいくらかかると思いますか」

**B**「今, 燃料がとても高いので, 2,000ドルを超えるだろうね」

解説　「(～の金額が) かかる」という意味の動詞は**4**のcostである。**1** lend「～を貸す」, **2** pay「～を支払う」, **3** manage「～を扱う, 管理する」。

## (11)　解答　3

**A**「この前の日曜日, 買い物をしていてポールにばったり会ったわ」

**B**「へえ！　僕は高校を卒業して以来, 彼には会っていないよ」

解説　run across ～ で「～に偶然出会う」の意味になるので, **3**が正解。同意表現come across ～ もあわせて覚えておこう。**1**はrun over ～ で「～を (車で) ひく」, **2**はrun out (of ～)で「(～を) 使い果たす」。

## (12)　解答　1

「台風が近づいていたので, テニスの試合は次の月曜日まで**延期され**なければならなかった」

解説　台風でテニスの試合は延期されたと考えて, 正解は**1**。put off ～ で「～を延期する (= postpone)」の意味。**2**のtake back ～ は「(言葉など) を取り消す」, **3**のkeep away ～ は「～を近づけない」, **4**のset aside ～ は「～を脇に取っておく」の意味である。

## (13)　解答　2

**A**「飲み物をいただけますか, ロビンスさん」

**B**「**自由に飲んでください**。台所はあちらです」

解説　help *oneself* (to ～)は「(食べ物・飲み物などを) 自分で自由に取って食べる [飲む]」。この表現は, 命令文Please help yourself.「ご自由にお召し上がりください」の形で, 口語でよく用いられる。

## (14)　解答　4

「クロエの祖父は昨日家のペンキ塗りをしていたので, クロエは壁を塗るのを**手伝った**」

解説　クロエはペンキ塗りを手伝ったと考えて, 正解は**4**。give [lend] ～ a hand *doing*は, 「(人) に…する手を貸す」ということから, 「(人) が…するのを手伝う, 手助けする」という意味。*doing*の代わりに〈with + 名詞〉を用いてもよい。

**(15)** 解答 **3**

「ジョージは学校を3日休んだので，クラスのみんなに追いつくのに一生懸命勉強しなければならない」

解説 catch up with his class で「クラスのみんなに追いつく」という意味になると考えて，**3**を選ぶ。catch up with 〜 で「〜に追いつく」の意味。なお，類似表現 keep up with 〜「〜に遅れずについて行く」との区別に気をつけよう。**1** slow down「スピードを落とす」，**2** make sense「意味をなす」，**4** hold on「（命令文で）待て，電話を切らないでおく」。

---

## 2

**(16)** 解答 **1**

A「この卵をここで買ったのですが，ほとんど腐っていましたよ」

B「それは申し訳ございません，お客さま」

A「返金してもらえますか」

B「いいえ，申し訳ありませんが交換品のお渡ししかできないのです」

**1** 返金してもらう
**2** 交換する
**3** 新鮮なものをもらう
**4** その卵をもらう

解説 客（A）と店員（B）の対話。最後の文で店員は No, ... we can only give exchanges.「交換品を渡すことしかできない」と言っている。つまり，A は品物の交換以外のことを店員に頼んだことになるので，正解は**1**。

**(17)** 解答 **4**

A「急がないとコンサートに遅れてしまうよ」

B「ちょっと待って，ジャック。携帯電話を捜しているの。ソファの上に置きっぱなしかもしれないわ」

A「もし青いのなら，この食卓の上にあるよ」

B「それよ，ジャック。ありがとう。さあ，出発できるわ」

**1** 別の電話に出るのは簡単だよ
**2** 誰かがそれを見つけることができるよ
**3** 僕の携帯電話を使っていいよ
**4** この食卓の上にあるよ

解説 男女がコンサートに行くために家を出る前の場面。B は自分の携帯電話を捜している。直後の That's it「（まさに）それよ」に自然につながるのは**4**。ジャックが見つけてくれたのである。

**(18)** 解答 **4**

A「ここには駐車できませんよ。ここは大学職員専用です」

B「わかりました。近くに他の駐車場はありますか」

A「はい。この通りを2ブロック行けば，左側にありますよ」

B「ありがとう。そこに駐車します」

**1** あなたの大学へはどのようにして行けばいいのですか
**2** 職員の駐車場についてはどうですか
**3** 私の車をここに駐車していいですか
**4** 近くに他の駐車場はありますか

解説 駐車場を利用しようとした人が，係員に駐車を断られている。空所の後を見ると，係員は Yes と言って，どこかへ道案内をしている。よって空所ではどこか別の駐車場がないかを尋ねていると考えられるので，正解は**4**。

**(19)(20)**

A「こんにちは，マット。昨日のサッカーの練習になぜ姿を見せなかったの？　体調が悪いの？」

B「いいや，元気だよ。空港に兄［弟］を車で迎えに行く必要があったんだよ。彼はヨーロッパ旅行から帰ってきたんだ」

A「彼は楽しく過ごしたのかしら？」

B「うん，素晴らしかったと言っていたよ。それで，彼は君に素敵なおみやげを買ってきたんだ」

A「まあうれしい！　今日，彼に会いに行ってもいい？」

B「もちろんいいよ。でも来るのがあまり遅くならないようにしてね」

A「4時半ごろ伺うわ」

B「わかった，じゃあそのときにね」

**(19)** 解答 **3**

**1** 急いで宿題を終える
**2** 医師の予約をする
**3** 空港に兄［弟］を車で迎えに行く
**4** 風邪薬を飲む

解説 マットがサッカーの練習に行かなかったのはなぜか。直後に「彼はヨーロッパ旅行から帰って来たんだ」とあることから，正解は**3**。空港へ迎えに行く必要があったのである。直後のHeが**3**のmy brotherを指していることにも注意しよう。

## (20) 解答 3

**1** ヨーロッパ旅行を計画する

**2** 今，箱を開ける

**3** 今日，彼に会いに行く

**4** 彼とサッカーの練習をする

解説 直後の発言にCertainly「もちろんいいよ」とあり，さらにその後に「来るのがあまり遅くならないようにしてね」とあるので，正解は行くことの許可を求めている**3**。

## 3

### 全訳

**ユウコの花**

　ユウコは先月一人暮らしを始めた。ある日，自宅アパートの近くに花屋を見つけた。そこで色とりどりの花を見たとき，それらをバルコニーで育てたら素敵だろうと考え，彼女は花を購入した。家に帰り，それを大きな鉢に植えた。毎日朝と晩と水をやった。

　しかし，1週間後，問題が発生した。花の元気がない様子に気づいたのだ。ユウコは理由がわからなかったので，再び花屋へ行きアドバイスを求めた。店員は彼女に，水をやる回数を減らす必要があると教えてくれた。ユウコは水をやりすぎるのは根に良くないと知った。そのアドバイスをもらってからは，土が乾いていることを確認したときだけ水をやるようにした。徐々に花は元気になり，今ではバルコニーできれいな花を咲かせている。

## (21) 解答 2

**1** それらを両親に送る

**2** それらをバルコニーで育てる

**3** それらを隣人にあげる

**4** それらを学校に持っていく

解説 花屋で色とりどりの花を見て，「～することは素敵だろうと考えて，花を買った」という文脈である。次の文にAfter she got home, she put them in a big pot.「家に帰るとそれらを大きな鉢に植えた」とあるので，正解は**2**。ユウコは花を自分で育てることにしたのである。

## (22) 解答 4

**1** もっと日光に当てる

**2** 大きな鉢に植える

**3** 日陰に置く

**4** 水をやる回数を減らす

解説 空所の直後の文に「水のやりすぎは根に良くないとわかった」とあり，さらに次の文に「土が乾いていることを確認してから水をやるようにした」とあるので，正解は**4**。

## 4A

**全訳**

差出人：アキコ・クラーク
受取人：メアリー・アリソン
日付：7月6日
件名：ディナーパーティー

メアリーへ

　あなたにメールするのがとても遅れてしまってごめんなさい。でも，先週とても忙しかったのです。私は祖母の世話をずっとしているのですが，祖母はこの前の月曜日から入院しています。風邪をこじらせてしまったのです。

　7月12日の晩のディナーパーティーに出席して，あなたの家族や他の仲間と楽しくおしゃべりしたいのはやまやまなのですが，残念ながら行けそうにないと言わなければなりません。私はその日，祖母のお見舞いに病院に行かなければならないのです。でも，あなたがたはみんなで楽しんでくださいね。あなたに1つお願いがあります。もし構わなければ，お兄さん［弟さん］のベンに今の住所を聞いてもらえますか。彼に「赤ちゃん誕生おめでとう！」と伝えたいのです。

　ともあれ，あなたの家のパーティーに招待してくれてありがとう。そしてあなたのご家族によろしくお伝えください。次に会ったときに私にパーティーの写真を見せて，パーティーについて聞かせてくれませんか。近いうちにあなたにお会いするのを楽しみにしています。
心をこめて
アキコ

**(23)** 解答 **2**

「アキコの祖母は」
**1** 病気で家にいる。
**2** 入院している。

**3** 仕事で忙しい。
**4** 病院で働いている。

解説　第1段落第2文の後半に ... my grandmother, who has been in the hospital since last Monday「祖母はこの前の月曜日から入院している」とあるので，**2** が正解。be in the hospital で「入院している」の意味。**1** がやや紛らわしいが，in her house の部分が正しくない。

**(24)** 解答 **4**

「なぜアキコはディナーパーティーに行かないのですか」
**1** 彼女は昔の友達に会うから。
**2** 彼女はベンの家に行かなければならないから。
**3** 彼女は病気で入院しているから。
**4** 彼女はその日に病院に行くから。

解説　第2段落第3文の I'll have to go to see my grandmother in the hospital that day.「その日に祖母のお見舞いに病院に行かなければならない」から，**4** が正解。この that day はディナーパーティー当日のこと。

**(25)** 解答 **4**

「アキコがメアリーに頼んでいることの1つは」
**1** メアリーの家でのパーティーに招待してもらうこと。
**2** 近いうちに自分を訪問しに来てもらうこと。
**3** 次回自分とパーティーを開いてもらうこと。
**4** 写真を見せてパーティーについて話してもらうこと。

解説　アキコは，第3段落第2文で Can you show me the party pictures next time we meet, and tell me about the party?「次に会ったときにパーティーの写真を見せてパーティーについて聞かせてくれませんか」とメアリーに頼んでいるので，**4** が正解。

**全訳**

**チューインガム**

　ほとんどの人が慣れ親しんでいるチューインガムは1800年代に初めて登場したが，それはアメリカで発明されたものである。しかし，チューインガムに似たものについては何千年も前にさかのぼる可能性があり，その当時，北ヨーロッパの人々は木タールをかんでいた。それ以来，さまざまな文化がいろいろな形態のガムのようなものをかんできた。

　北アメリカの古代マヤ人は，ある特別な木から得られる「チクル」という名の物質からガムを作った。それは，口を潤したり飢えと戦ったりするために用いられた。アステカ人もまたチクルからガムを作り，息をさわやかにして歯をきれいにする目的でそれを利用していた。どうやら子供と独身の女性のみが公の場でそれをかむことができたようである。既婚女性と男性はガムをこっそりとしかかめないとされていた。古代ギリシャ人と北アメリカのアメリカ先住民も同様の目的でチューインガムを使っていた。ある植物の葉や根のような他の素材もチューインガムとして利用されていた。

　現在楽しまれているチューインガムは，ジョン・B・カーティスにより，1840年代に初めてアメリカで開発された。それはある特定の木の樹液から作られていて，のちにそれはろうから作られた。1871年にトーマス・アダムズはメキシコから持ち込まれたチクルでガムを作ったが，それはマヤ人やアステカ人により使われたのと同じ材料であった。初期のものには全く味がなかったが，ブラックジャックと呼ばれる味付きのものが最初の人気ブランドとなり，それは今日でも販売されている。チューインガムの発展は，ダブルバブルと呼ばれる世界最初の風船ガムが1928年に開発されて，新たな一歩を踏み出すこととなった。

　チューインガムは，第二次世界大戦中またはその戦後にアメリカ人兵士が地元民とそれを食料品などと交換したことにより，アメリカ国外でも人気となった。1960年代に製造業者はチクルを使うのをやめ，合成ゴムに切り替えた。というのは，その方が製造するのに安価だったからである。今日，アメリカ国内だけで毎年20億ドル以上のガムが販売されている。

*(26)*　解答　**3**

「チューインガムについて正しいのはどれですか」

**1** 主にアメリカで作られている。

**2** 近代のヨーロッパの発明品である。

**3** 古代より利用されてきた。

**4** 最初の利用はメキシコだった可能性が一番高い。

解説　第1段落第2文に something like chewing gum may go back to thousands of years ago「チューインガムに似たものは何千年も前にさかのぼる可能性がある」とあり，さらにその次の文で「それ以来，さまざまな文化がいろいろな形態のガムのようなものをかんできた」とあるので，正解は**3**。

*(27)*　解答　**3**

「アステカ文化では」

**1** 戦争で戦う兵士がチューインガムを携帯していた。

**2** 人々が特別な木を伐採し，別の国へ輸出していた。

**3** 子供と未婚の女性が公の場でガムをかむことができた。

**4** 既婚者はチューインガムを買うことが認められなかった。

解説　設問の文にある Aztec は第2段落第3文冒頭に出てくるので，それ以降をていねいに読んでいこう。第4文に Apparently, only children and single women could use it publicly.「どうやら子供と独身女性だけが公の場でガムをかむことができたようである」とあるので，正解は**3**。

*(28)*　解答　**2**

「1800年代にチューインガムはどうなりましたか」

**1** アメリカで女性の間で人気となった。

**2** 味が付けられて店で売られた。

**3** 医療目的で調査され開発された。

**4** 泡を作る目的のために特別に作られた。

解説　第3段落の前半に John B. Curtis についての説明があり，第4文に Early versions had no flavor, but a flavored version called Black Jack became the first popular brand and is still sold today.「初期のものには全く味がなかったが，ブラックジャックと呼ばれる味付きのものが最初の人気ブランドとなり，それは今でも売られている」とあるので，正解は**2**。

*(29)*　解答　**1**

「チューインガムでチクルが別のものに取り替えられた理由は」

**1** 人工のゴムの方が安いから。

**2** チクルの取りすぎは健康に良くないから。

**3** メキシコがチクルをアメリカに送るのをやめたから。

**4** 泡を作るのにろうの方が良いから。

解説 第4段落第2文に，チクルの使用がやめられて「合成ゴム（synthetic rubber）」に変えられたという 説明があり，その合成ゴムについて which was cheaper to make「（チクルよりも）作るのに安い」とあるので，正解は **1**。選択肢では，synthetic rubber「合成ゴム」が manmade rubber「人工のゴム」と書き換えられていることにも注意しよう。

# 5

## 問題文の訳

こんにちは！

あのねえ，聞いて！　私は町のドッグシェルターでボランティアの仕事をし始めたのよ。最初はコミュニティセンターでお手伝いがしたかったんだけど，そこのセンター長がボランティアは18歳を超えていなければならないと言ってね。代わりにドッグシェルターで働くように勧めてくれたの。シェルターの犬の写真を何枚か送るわね。そのシェルターでボランティア活動をするのは面白いけど，私は今とても忙しいの。犬たちを助けるためにたくさんのことをする必要があるのよ。あなたは，若者はボランティアの仕事をすべきだと思う？

あなたの友達，
フレイヤ

---

こんにちは，フレイヤ！

Eメールをありがとう。
[解答欄に記入しなさい。]
では，

---

## 解答例

It's amazing that you do volunteer work at the dog shelter! What kind of work are you expected to do? How many volunteers work there with you? As for your question, I believe that young people should do volunteering. They can learn a lot from volunteering, just like you! (49語)

## 解答例の訳

ドッグシェルターでボランティア活動をしているなんてすごいね！　あなたはどんなお仕事をすることが期待されているの？　そこでは何人のボランティアがあなたと一緒に働いているの？　あなたの質問については，若者はボランティア活動をすべきだと思うわ。ボランティア活動からたくさんのことが学べるもの，ちょうどあなたのようにね！

---

解説 与えられたEメールは，町のドッグシェルターでボランティアの仕事を始めたことの報告とそのいきさつ，次にボランティアの仕事でフレイヤ自身がとても忙しいことを述べ，最後に若者はボランティア活動をすべきだと思うかどうかを尋ねている。

　解答では，まず，フレイヤのEメールに対する自分のリアクションを書く。解答例では，It's amazing that you do volunteer work at the dog shelter!「あなたがドッグシェルターでボランティアをしているとはすごい」と書いて，相手の行動に対して自分が賛同していることを示している。他に It's good to hear that you started volunteering at the dog shelter.「あなたがドッグシェルターでボランティアを始めたと聞いてよかった」などと表現することもできる。

次に下線部 doing volunteer work「ボランティアの仕事をすること」の特徴を問う具体的な質問を2つ書く。解答例では、「どんな仕事をすることが期待されているのか」という仕事の内容に関する質問と、「そこでは何人のボランティアがあなたと一緒に働いているのか」という職場環境を尋ねる質問をしている。他に「一日に何時間働くのか（How many hours a day do you work?）」や「ドッグシェルターで一番大変な種類の仕事は何か（What is the hardest kind of work at the dog shelter?）」なども考えられる。

最後にフレイヤからの質問に答える。解答例では、As for your question「あなたの質問に関しては」で始めて、ここで質問に答えることをはっきりと示している。続けて I believe (that) ....「私は…と信じている」という表現を用いて自分の考えを述べている。さらにその後で「ボランティア活動からたくさんのことを学べるから」と理由を述べている。このように、自分の意見を述べた後には1文程度でその理由などを簡潔に示し、内容を膨らませるようにしたい。反対の立場の理由としては、「若者は他のことがあって忙しい（Young people are busy with other things.）」や「若者はボランティアの仕事をする必要がない（It is not necessary for young people to do volunteer work.）」などが考えられる。

## 6

### QUESTIONの訳
あなたはレストランは24時間営業をすべきだと思いますか。

---

**解答例①**

I think restaurants should stay open 24 hours a day. One reason is that it is good for people who work late. They can have a warm meal after working overtime. Another reason is that some employees want to earn more money. The wages of night workers are often higher than those of daytime workers. (55語)

**解答例①の訳**

私はレストランは24時間営業をすべきだと思います。1つの理由は、それは遅くまで働く人たちにとって助かるからです。彼らは残業の後に温かい食事をとることができます。もう1つの理由は、もっとお金を稼ぎたいと思っている従業員もいるからです。夜勤の給料は昼間の勤務の給料よりも高いことが多いです。

---

**解答例②**

I don't think restaurants should stay open 24 hours a day. First, such places waste energy. If all restaurants in Japan keep their lights on all day, they will consume huge amounts of electricity. Second, workers have to work too hard. People should sleep and rest during the night. This is why restaurants should close at night. (57語)

**解答例②の訳**

私はレストランは24時間営業をすべきだとは思いません。第1に、そのような場所はエネルギーを浪費するからです。もし日本のすべてのレストランが一日中明かりをつけたままにしておいたら、膨大な量の電気を消費することでしょう。第2に、従業員が過酷に働かなければならないからです。人は夜の間は寝て休養すべきです。こういうわけで、レストランは夜は閉店すべきです。

---

**解説** まず、質問に対して「そう思うか（Yes），そう思わないか（No）」の立場を、I think .... または I don't think .... を用いて表す。解答例①では Yes. の立場を、解答例②では No. の立場を選び、ともに think の後には質問文をそのまま引用した。24 hours a day は「1日あたり24時間」という意味である。

解答例①では、最初の理由は One reason is that ～「1つの理由は～である」で始め、夜遅くまで働く人の存在を指摘した。次に、より具体的に残業の後でも温かい食事をとれるとした。2つ目の理由は1つ目の書き方に合わせて、Another reason is that ～「もう1つの理由は～である」と書き、夜勤の方が賃金が高いので働きたいと思っている人もいると論じた。

解答例②では，1つ目の理由をFirstで導入し，エネルギー消費の問題を挙げ，そのような場所はエネルギーを浪費していると一般的に書いた。次の文では，その内容をもっと具体的に「もしすべてのレストランが〜」と説明した。2つ目の理由はSecond「第2に」で始めて，そこで働く人々の労働問題を挙げて「従業員が過酷に働かなくてはならない」と書いた。そして，それを受けて次の文で，「夜は寝て休養すべきだ」と主張した。

　まとめの文については，解答例①では語数制限のため省略されている。解答例②では，This is why「こういうわけで」と始めて，それまで述べてきた2つの理由をもとに，次にまとめの文がくることを示す。ただし，同じ表現の繰り返しを避けて not stay open 24 hours a day を close at night と表現を変えてある。

# リスニングテスト
## 解答と解説

問題編　p.66〜69

## リスニング

**第1部**

| 問題 | 1 | 2 | 3 | 4 | 5 | 6 | 7 | 8 | 9 | 10 |
|---|---|---|---|---|---|---|---|---|---|---|
| 解答 | 2 | 3 | 3 | 1 | 1 | 3 | 2 | 2 | 3 | 2 |

**第2部**

| 問題 | 11 | 12 | 13 | 14 | 15 | 16 | 17 | 18 | 19 | 20 |
|---|---|---|---|---|---|---|---|---|---|---|
| 解答 | 4 | 4 | 2 | 4 | 2 | 3 | 2 | 3 | 2 | 3 |

**第3部**

| 問題 | 21 | 22 | 23 | 24 | 25 | 26 | 27 | 28 | 29 | 30 |
|---|---|---|---|---|---|---|---|---|---|---|
| 解答 | 2 | 2 | 4 | 4 | 3 | 2 | 3 | 4 | 3 | 2 |

**第1部** 🔊 **067〜077**

### No. 1　解答　2

☆: Hey, Sam. Let's talk about our project. Can we talk tomorrow afternoon?
★: Well, let me check.... We have a meeting in the afternoon.
☆: Oh, I totally forgot about that. How about this afternoon?
**1** No, I've already finished everything.
**2** Alright, I'm available from 2 p.m.
**3** OK, let me take a day off.

☆: ねえ，サム。私たちの企画について話し合いましょうよ。明日の午後はお話しできるかしら？
★: うーん，確認するね…。僕たち，午後は会議があるね。
☆: あら，すっかりそのことを忘れていたわ。今日の午後はどう？
**1** いや，僕はもう全部終わったよ。
**2** 了解，午後2時から大丈夫だよ。
**3** わかった，休みを取らせてくれ。

**解説** 同僚同士の対話。企画について一緒に話し合える時間を決めているところであることをつかもう。対話の最後の How about this afternoon?「今日の午後はどう？」という提案に適切な応答は**2**。

## No. 2　解答　3

| | |
|---|---|
| ★：Hello, this is Mike Williams. May I speak to Cathy? | ★：もしもし，マイク・ウィリアムズです。キャシーをお願いします。 |
| ☆：Hi, Mike. One moment, please.... Sorry, she's out now. | ☆：こんにちは，マイク。ちょっと待ってくださいね…。ごめんなさい，今，外出しているわ。 |
| ★：I see. I'll call back in an hour, then. | ★：そうですか。それでは，1時間後にまたかけ直します。 |
| **1** No, I can't wait that long. | **1** いいえ，そんなに長くは待てないわ。 |
| **2** I'm sorry but I can't call you. | **2** 申し訳ないけれど，私はあなたに電話ができません。 |
| **3** OK, I'll tell her that you called. | **3** わかったわ，あなたから電話があったと伝えるわね。 |

解説　電話での会話。May I speak to ～? は「～はいらっしゃいますか」と電話で相手を呼び出すときの定番表現。「またかけ直します」という相手に対して適切な応答が，**3** の「電話があったことを伝える」。

## No. 3　解答　3

| | |
|---|---|
| ★：Do you have any plans for this weekend, Katie? | ★：今度の週末は何か予定があるの，ケイティ？ |
| ☆：I'm afraid I'm just going to stay home. | ☆：家にいるだけになるんじゃないかと思うわ。 |
| ★：Oh, really? I was thinking about going to the beach. Why don't you come with us? | ★：へえ，本当？ 僕はビーチに行こうと思っていたんだ。一緒に行かない？ |
| **1** I'd love to, but I plan to go skating. | **1** せっかくだけど，スケートに行く計画があるの。 |
| **2** Because I'll go shopping. | **2** 買い物に行くからよ。 |
| **3** Sorry, but I have to look after my sister. | **3** あいにくだけど，妹の世話をしなくちゃいけないのよ。 |

解説　週末の予定についての男女の対話。男性が海に行かないかと誘っているのに対し，妹の世話を理由に断っている **3** が正解。**1** は，女性は「家にいる」と言っているので不適。Why don't you ～? は「～しませんか」と相手に提案・勧誘する表現。

## No. 4　解答　1

| | |
|---|---|
| ☆：Hello. Which movie would you like to see? | ☆：こんにちは。どちらの映画をご覧になりますか。 |
| ★：I'd like to see *Winter Adventure*. I have an advance ticket. Here you are. | ★：『ウィンターアドベンチャー』をお願いします。前売り券を持っています。これです。 |
| ☆：I'm sorry, but you can only use this ticket at West Movie Theater, not here. | ☆：申し訳ございませんが，このチケットは，ここではなく，ウエスト映画館のみでご利用できます。 |
| **1** Oh, no. I should have checked more carefully. | **1** ええっ。もっと気をつけて確認すべきでした。 |
| **2** Oh, no. I forgot to bring my student ID. | **2** ええっ。学生証を持ってくるのを忘れました。 |
| **3** Oh, no. I'm sorry the film is no longer showing. | **3** ええっ。その映画がもう上映していないとは残念です。 |

解説　前半より映画館のチケット売り場での対話であることをつかもう。男性はan advance ticket「前売り券」を持ってきたが，女性に「（そのチケットは）ここでは使えません」という説明をされた。それに対し適切な応答は **1**。should have checked「確認すべきだった（のにしなかった）」の意味にも注意。

## No. 5　解答　1

★：What would you like to eat tonight, honey?
☆：I'd like to eat out. Shall we try somewhere new?
★：Yeah. How about the steak restaurant near the train station?
**1** Hmm. I feel like eating Asian food.
**2** Hmm. I'm not good at cooking.
**3** Hmm. I have plans tomorrow.

★：ねえ，今夜は何が食べたい？
☆：外食したいわ。どこか新しいところを試してみない？
★：うん。駅近くのステーキレストランはどうかな？
**1** うーん。アジア料理が食べたい気分なの。
**2** うーん。私は料理が得意ではないわ。
**3** うーん。明日は予定があるの。

**解説**　冒頭の発言から，夫婦が夕食の相談をしていることがわかる。最後の How about the steak restaurant near the train station?「駅近くのステーキレストランはどう？」という提案に適切な応答は **1**。feel like *doing* は「～したい気分である」。

## No. 6　解答　3

☆：Hey! Your baseball just broke my window.
★：Oh, no! I'm so sorry, ma'am.
☆：You have to be more careful when you play ball.
**1** Don't worry. Your baseball is safe.
**2** No problem. I'll take it.
**3** I will from now on.

☆：ねえ！　あなたの野球のボールがたった今うちの窓を割ったわよ。
★：ああ，しまった！　本当にごめんなさい。
☆：野球をするときは，もっと気をつけなさい。
**1** 心配しないで。あなたの野球ボールは無事です。
**2** 大丈夫。それをいただきます。
**3** これからはそうするようにします。

**解説**　男の子が野球のボールで窓を割ったことをつかむ。女性に You have to be more careful「もっと気をつけなければいけない」と注意されたことに対する適切な応答は **3** の「これからはそうします」。will の後には be more careful が省略されている。

## No. 7　解答　2

★：Welcome to Adey's Pet Shop. May I help you?
☆：Yes, I want to buy my son a pet for his birthday.
★：What pet do you have in mind? A cat? A dog?
**1** Well, I'll try another shop then.
**2** I think a hamster would be nice.
**3** I don't know where the shop is.

★：アディーズ・ペットショップへようこそ。何かお探しですか。
☆：ええ，息子の誕生日にペットを買ってあげたいのですが。
★：どんなペットをお考えですか。猫ですか。犬ですか。
**1** そうですね，それなら他の店に行ってみます。
**2** ハムスターがいいのではないかと思います。
**3** どこにその店があるのかわかりません。

**解説**　冒頭の Welcome to Adey's Pet Shop. より，ペットショップでの対話だと理解する。店員から，どんなペットがいいかと聞かれているので，それに対して「ハムスター」と答えている **2** が正解。ここでの would は「おそらく～だろう」という意味。

## No. 8　解答 2

| | |
|---|---|
| ★：Would you like to see the fireworks tonight? | ★：今夜花火を見ない？ |
| ☆：I'd love to, but it'll be very crowded. I hate crowds. | ☆：ぜひ見たいけど，とても混んでいるでしょうね。私は人ごみが苦手だわ。 |
| ★：Don't worry. We can see the fireworks from my grandparents' house. | ★：大丈夫だよ。僕の祖父母の家から花火が見えるんだ。 |
| **1** Well, I don't like crowded places. | **1** でも，私は混雑した場所が好きではないの。 |
| **2** Oh, really? That's wonderful. | **2** まあ，本当？　それは素晴らしいわ。 |
| **3** Yeah, they were very beautiful. | **3** ええ，とてもきれいだったわ。 |

**解説** 友人同士の対話。花火を見ない？と誘う→人ごみは嫌いだと答える→祖父母の家から見えるから大丈夫だと言う，という流れをつかもう。正解は，友人の応答に喜んでいる **2**。

## No. 9　解答 3

| | |
|---|---|
| ☆：Hi, driver. Could you take me to the East Art Gallery, please? | ☆：こんにちは，運転手さん。イースト美術館まで連れて行ってもらえますか。 |
| ★：Sorry, I'm not familiar with the area. Could you tell me the address? | ★：すみません，その地域はあまりよく知らないのです。住所を教えていただけますか。 |
| ☆：Sure. Let me check my phone.... Here is the address. | ☆：わかりました。携帯を確認しますね…。これが住所です。 |
| **1** Sorry. I'll try a different way. | **1** すみません。別の方法を試してみます。 |
| **2** Alright. Don't forget your things. | **2** 了解しました。持ち物をお忘れなく。 |
| **3** Thank you. This will do. | **3** ありがとうございます。これで大丈夫です。 |

**解説** タクシーに乗った客と運転手の対話。「その地域がよくわからない」と言う運転手に客が最後に Here is the address.「これが住所です」と行き先の住所を示している。それに対して適切な運転手の応答は，お礼を述べている **3**。

## No. 10　解答 2

| | |
|---|---|
| ★：Where's my blue jacket, Mom? | ★：お母さん，僕の青いジャケットはどこ？ |
| ☆：Let's see. Oh, I've sent it to the cleaner's. | ☆：ええと。ああ，クリーニングに出したわよ。 |
| ★：Really? I wanted to wear it to school today. | ★：本当？　今日，学校へ着て行きたかったのに。 |
| **1** Right. I have to prepare for it. | **1** そうよ。私はそのために準備をしないと。 |
| **2** Sorry. I didn't know that. | **2** ごめんなさい。そうとは知らなかったわ。 |
| **3** OK. I'll do my own washing. | **3** いいわよ。自分の洗濯をするから。 |

**解説** 息子と母親の対話で，話題は息子のジャケット。母親の「クリーニングに出した」に対して，息子が「学校に着て行きたかったのに」と不満そうに言っているのを聞き取る。正解は，それに対して謝っている **2**。

## *No. 11* 解答 4

★：Nancy, do you want to go shopping with me?

☆：Sorry, Nick, I can't. I've got to finish this work.

★：Too bad. There's a big bargain sale at the new mall.

☆：Oh, really? Well, in that case, I'll do this later.

**Question:** What will the woman probably do next?

★：ナンシー，一緒に買い物に行かない？

☆：ごめんなさい，ニック，行けないわ。この仕事を終わらせないといけないの。

★：残念。新しくできたショッピングモールで大バーゲンセールをやっているんだけどね。

☆：まあ，本当に？ あら，そういうことなら，これは後にするわ。

**質問：**女性はおそらく次に何をしますか。

**1** 家にいる。

**2** 仕事を終わらせる。

**3** 電話でニックと話す。

**4** ニックと買い物に行く。

解説 男性が女性を買い物に誘っている場面。最初女性は仕事を理由に誘いを断っているが，「大バーゲンセールをやっている」と聞き，Well, in that case, I'll do this later.「あら，それならこれ（＝ this work）は後でやるわ」と言う。よって，女性はバーゲンに行くと考えられるので，正解は**4**。

## *No. 12* 解答 4

★：Hi, Amanda? It's Greg. Are you still at the office?

☆：I'm just driving out of the car park. Why?

★：I left my files for the presentation on my desk. Can you get them?

☆：OK, I'll bring them to you on my way to the hospital.

**Question:** What is one thing the woman says to the man?

★：もしもし，アマンダ？ グレッグです。まだ会社にいるの？

☆：ちょうど駐車場から出るところよ。なぜ？

★：机の上にプレゼンのファイルを置いてきちゃったんだ。持ってきてもらえるかな？

☆：わかったわ，病院へ行く途中であなたにお届けするわね。

**質問：**女性が男性に言っていることの1つは何ですか。

**1** 彼女は机のところにいる。

**2** 彼女は書類を忘れた。

**3** 彼女は病院で働いている。

**4** 彼女は車の中にいる。

解説 同僚同士の電話での会話。前半で女性は I'm just driving out of the car park.「ちょうど駐車場から出るところだ」と話しているので，正解は**4**。

Day

**5**

## *No. 13* 解答 **2**

★：How did you do on your biology test, Meg?

☆：Not bad. It was easier than I thought. How about you, Ted?

★：I didn't do so well. I had a headache last night, so I couldn't study very much.

☆：I didn't know that. That's too bad.

**Question:** Why didn't Ted do well on the biology test?

★：メグ，君は生物のテストはどうだった？

☆：まあまあね。思ったより簡単だったわ。あなたはどうだったの，テッド？

★：僕はあまりできなかったよ。昨夜は頭痛がして，あまり勉強ができなかったんだ。

☆：そうとは知らなかったわ。それは大変だったわね。

**質問：**テッドはなぜ生物のテストでよくできなかったのですか。

**1** テストがあるということを知らなかったから。

**2** テストに向けてあまり勉強できなかったから。

**3** テストが思っていたより難しかったから。

**4** 生物は好きな教科ではないから。

解説 クラスメート同士の対話で，話題は生物のテスト。テッドが生物のテストができなかった理由を聞き取る。「昨夜頭痛がして，あまり勉強ができなかった」という発言から，**2**が正解。

## *No. 14* 解答 **4**

★：Hello. Space and Light Museum.

☆：Hi. When do tickets for the Alien Light Show go on sale?

★：They're available now, both online and at the museum shop.

☆：My computer is broken, so I'll drop by the museum shop right away.

**Question:** What does the woman want to do?

★：もしもし。宇宙と光の博物館です。

☆：もしもし。エイリアンライトショーのチケットはいつ発売されますか。

★：今，オンラインとミュージアムショップの両方でご購入いただけます。

☆：コンピュータが故障していますので，これからミュージアムショップに立ち寄りますね。

**質問：**女性は何をしたがっていますか。

**1** 新しいコンピュータを購入すること。

**2** 博物館がどこにあるか見つけ出すこと。

**3** チケットを売ること。

**4** ショーのチケットを購入すること。

解説 冒頭の部分から博物館への問い合わせの電話であることをつかもう。用件はWhen do tickets for the Alien Light Show go on sale?「エイリアンライトショーのチケットはいつ発売されるのか」ということなので，正解は**4**。

## No. 15 解答 2

☆：Can I meet you sometime next week, Henry? I really need your help with my history paper.
★：Sure. I'll be free on Friday evening and Saturday morning.
☆：Would Friday at six o'clock be alright?
★：Certainly. I'll see you then.
**Question:** When will they meet?

☆：ヘンリー，来週，いつか会えるかしら？　ぜひあなたに私の歴史のレポートを手伝ってもらいたいのよ。
★：いいよ。金曜日の夕方と土曜日の午前が空いているけど。
☆：金曜日の6時は大丈夫かしら？
★：大丈夫だよ。じゃあ，またそのときにね。
**質問**：彼らはいつ会いますか。

**1** 金曜日の午前。
**2** 金曜日の夕方。
**3** 土曜日の午前。
**4** 土曜日の夜。

解説 友人同士の対話。話題は会う時間を決めること。男性が「金曜日の夕方と土曜日の午前が空いている」と言い，それに対し女性がFriday at six o'clock「金曜日の（夕方の）6時」と提案しているので，正解は**2**。

## No. 16 解答 3

★：Welcome to Teddy's Café. Is this seat OK for you?
☆：Do you have anything nearer to the entrance? I'm waiting for a friend and I can't see the door from here.
★：Sorry but those tables are reserved.
☆：That's OK. I'll send her a message now and tell her where I'm sitting.
**Question:** What will the woman probably do next?

★：テディーズカフェへようこそ。こちらの席でよろしいでしょうか。
☆：入り口にもっと近いところはありませんか。友人を待っていますので，ここからでは入り口が見えないのです。
★：申し訳ございませんが，そちらのテーブルは予約されております。
☆：わかりました。今からメッセージを送って座っている場所を友人に教えます。
**質問**：女性はおそらく次に何をしますか。

**1** 予約する。
**2** 食事を注文する。
**3** 友達と連絡をとる。
**4** 別のテーブルに移る。

解説 レストランに入って席を案内される場面である。客である女性は友人と待ち合わせをしていることをつかむ。最後にI'll send her a message now「今から彼女（＝友人）にメッセージを送ります」と言っているので，正解は**3**。

## No. 17 解答 2

☆：Have you played baseball recently, Bob?

★：No, these days I play tennis almost every weekend.

☆：Oh, nice to hear that. Do you want to join our tennis tournament this Saturday? We are looking for another player.

★：Great! I'd love to. Thank you for asking me.

**Question:** What will Bob do this weekend?

☆：最近，野球をしてる，ボブ？

★：ううん，最近はほとんど毎週末，テニスをしているよ。

☆：まあ，それを聞いて良かったわ。今度の土曜日，私たちのテニスの試合に参加しない？　選手をもう1人探しているところなの。

★：それはいいね！　喜んで参加するよ。誘ってくれてありがとう。

**質問：**ボブは今度の週末に何をしますか。

**1** 野球をする。

**2** テニスをする。

**3** テニスの試合を観戦する。

**4** 家にいる。

解説　友人同士の対話。ボブは最近野球ではなく，テニスをしていることをまず聞き取ろう。「テニスの試合に参加しない？」という誘いに Great! I'd love to.「それはいいね！　喜んで参加するよ」と答えているので，正解は**2**。

## No. 18 解答 3

☆：Honey, look. This sofa will look great in the living room.

★：We only bought the red sofa last year!

☆：But after we move, we'll have more space. It's on sale, too.

★：Let's look at tables instead. Then we can have dinner parties in our new place.

**Question:** What are the man and woman talking about?

☆：ねえ，見て。このソファはリビングに良さそうよ。

★：僕たちは去年赤いソファを買ったばかりだよ！

☆：でも，引っ越した後はスペースが増えるのよ。それにこれはセール中よ。

★：代わりにテーブルを見ようよ。そうすれば新居でディナーパーティーが開けるから。

**質問：**男性と女性は何について話していますか。

**1** いくら使うべきか。

**2** テーブルをどこに置くべきか。

**3** 新居に何を買うべきか。

**4** どの色が一番好きか。

解説　家具店での夫婦の対話。最初に妻が This sofa will look great in the living room.「このソファはリビングに良さそう」と言い，それに対して話し合った後で夫は Let's look at tables instead.「代わりにテーブルを見よう」と言う。2人は購入する家具を選んでいるので，正解は**3**。

## No. 19  解答  2

★ : Kathy, what's the problem? You look upset.

☆ : Oh, hi, Mason. I can't find my smartphone.

★ : Well, you probably just left it at home. How about using my phone to call your mother at home?

☆ : No, I remember taking it this morning. I think I left it on the train!

**Question:** How was Kathy most likely to lose her smartphone?

★ : キャシー，どうしたの？　あわてているみたいだけど。

☆ : あら，こんにちは，メイソン。スマートフォンが見つからないのよ。

★ : ええと，きっと家に置いてきただけなんじゃないかな。僕の電話を使って家にいるお母さんに電話してみたらどう？

☆ : いいえ，今朝，持って出たのは覚えているの。電車の中に置き忘れたんだと思うわ！

**質問：**キャシーはどのようにしてスマートフォンをなくした可能性が高いですか。

**1** 家に置いてきた。

**2** 電車に置き忘れた。

**3** メイソンに貸した。

**4** 道で落とした。

解説　話題はキャシーがスマートフォンを紛失したこと。メイソンが「家にあるんじゃない？」と言うのを否定して，最後に I think I left it on the train!「電車に置き忘れたと思うわ！」と言っているので，正解は**2**。

## No. 20  解答  3

★ : Mom, can I go out with my friends this afternoon? We'd like to go shopping.

☆ : Again? Don't forget that you have a math test next Monday.

★ : I know. I'll study hard from tonight. I promise.

☆ : OK, but you must come back early.

**Question:** What did the boy promise his mother to do?

★ : お母さん，今日の午後，友達と出かけていい？買い物に行きたいんだ。

☆ : またなの？　来週の月曜日，数学のテストがあることを忘れないでね。

★ : わかってるよ。今晩から一生懸命勉強するよ。約束する。

☆ : わかったわ，でも，早く帰ってくるのよ。

**質問：**男の子は母親に何をすることを約束しましたか。

Day 5

**1** 友達と出かける。

**2** 次の月曜にテストを受ける。

**3** 今晩から一生懸命勉強する。

**4** 家に早く帰ってくる。

解説　息子と母親の対話。息子が母親に約束した内容については，I'll study hard from tonight. I promise. の部分に示されている。よって，正解は**3**。**4**は母親が最後に指示していることだが，この対話からは「男の子が約束した」とは言えないので不適。

## *No. 21*　解答　2

Sam is going to enter university next spring, and he had to look for an apartment. Most of the apartments he saw were very expensive. The apartment he finally moved into is sunny but smaller than what he wanted. Also, the view is not very nice. However, the rent is reasonable, so he is content with it.

**Question:** What is one thing that we learn about Sam's apartment?

サムは，今度の春に大学に入学する予定なので，アパートを探さなければならなかった。彼が見たアパートのほとんどはとても高かった。彼がついに移り住んだアパートは，日当たりは良いが，希望していたものよりは狭い。そして，眺めもそれほど良くない。しかし，家賃が手ごろなので，彼は満足している。

**質問**：サムのアパートについてわかることの1つは何ですか。

**1** 眺めが良い。

**2** 家賃が高くない。

**3** 広いキッチンがついている。

**4** 日当たりが良いが，家賃が高い。

解説　大学への入学が決まったサムのアパート探しの話。最後に the rent is reasonable「家賃は手ごろである」と述べられているので，正解は **2**。reasonable「（価格が）手ごろな，妥当な，安い」が選択肢では inexpensive「（値段が）高くない」に言い換えられていることに注意。

## *No. 22*　解答　2

Yesterday Logan asked his friend Jenny to have dinner with him at a Mexican restaurant on the beach. When they arrived at the restaurant, however, they discovered that it wasn't open. In the end, they took a taxi to an Italian restaurant downtown and ate pizza there. The pizza was good, but they are planning to try that Mexican restaurant someday.

**Question:** Why did Logan and Jenny have pizza?

昨日，ローガンは友達のジェニーを海辺のメキシコ料理店でのディナーに誘った。しかし，彼らがそのレストランに着いてみると，その店が開いていないのを発見した。結局，彼らはタクシーに乗って繁華街のイタリア料理店に行って，そこでピザを食べた。ピザはおいしかったが，彼らはいつかそのメキシコ料理店に行ってみるつもりである。

**質問**：なぜローガンとジェニーはピザを食べたのですか。

**1** そのメキシコ料理店が高すぎたから。

**2** そのメキシコ料理店がその日は閉まっていたから。

**3** そのイタリア料理店が彼らのお気に入りだったから。

**4** そのイタリア料理店がローガンの家の近くにあったから。

解説　メキシコ料理店とイタリア料理店が出てくるが，それぞれどういう流れで出てくるのかを聞き取ろう。イタリア料理店でピザを食べることになったのは，最初に予定していたメキシコ料理店が開いていなかったため。よって，正解は **2**。

## No. 23 解答 4

Welcome to the factory tour. First, I'll show you how our cookies are made. Then, you can taste some freshly baked cookies. Also, you can visit our shop and get them at reasonable prices. Here are the discount coupons you can use at the shop. Please be sure to follow this yellow flag. Now let's start.

**Question:** What is one thing people can do at the factory?

工場見学にようこそ。最初に私どものクッキーがどのようにして作られているのかをご覧いただきます。それから，焼き立てのクッキーを味わっていただきます。また，私どもの店に行って，お求めやすい価格で購入することもできます。その店でご利用できる割引クーポンがこちらです。必ずこの黄色い旗の後をついて来てください。さあ，出発しましょう。

**質問**：人々が工場でできることの1つは何ですか。

**1** 自分のクッキーを焼く。

**2** クッキーの特別なレシピを手に入れる。

**3** 数量限定のクッキーを買う。

**4** 割引価格でクッキーを買う。

解説 クッキー工場の工場見学での最初のあいさつ。you can visit our shop and get them at reasonable prices「店に行ってそれら（＝クッキー）を安い価格で買える」と言っているので，正解は**4**。the discount coupons「割引クーポン」を配布していることからも，割引が受けられることがわかる。

## No. 24 解答 4

In February Billy went skiing with friends. He is an experienced skier, but he fell and broke his leg. It happened at a very bad time because he was getting married in March and going to France for his honeymoon. His fiancée was disappointed to know what happened. They have decided to have the wedding in May instead.

**Question:** What will Billy and his fiancée do?

2月にビリーは，友人たちとスキーに出かけた。彼はスキーの経験が豊富だが，転んで足を骨折してしまった。それはとてもタイミングの悪いときに起こった。というのも，彼は3月に結婚して新婚旅行でフランスへ行く予定だったからだ。彼の婚約者はその出来事を知って，がっかりした。2人は代わりに5月に結婚式をすることにした。

**質問**：ビリーと婚約者は何をするつもりですか。

**1** 2月にスキー旅行に行く。

**2** 3月に結婚する。

**3** 4月にフランスに行く。

**4** 5月まで結婚式を延期する。

解説 ビリーがスキーでけがをしたのがなぜタイミングが悪かったのかを聞き取ろう。3月に結婚する予定だったが，They have decided to have the wedding in May instead.「（3月の）代わりに5月に結婚式をすることに決めた」と述べられているので，正解は**4**。put off ～ は「～を延期する」。

## No. 25　解答　3

There is a student from Australia staying at Ken's house. His name is Oliver. Oliver has been with Ken's family for two weeks. Ken asks him a lot of things about Australia because he doesn't know the country very well. Oliver will leave the day after tomorrow, but he invited Ken to visit Australia next summer.

**Question:** What is one thing that we learn about Ken?

ケンの家にオーストラリアの学生が滞在している。彼の名前はオリバーである。オリバーは，2週間ケンの家族と一緒に過ごしている。ケンは，オーストラリアのことをあまりよく知らないので，彼にその国についてたくさんのことを尋ねている。オリバーはあさって帰る予定だが，彼は次の夏にオーストラリアに来るようにケンを誘った。

**質問**：ケンについてわかることの1つは何ですか。

**1**　この夏にオーストラリアを訪れた。

**2**　明日，日本を出発する。

**3**　オーストラリアについて知りたがっている。

**4**　オーストラリアの学生である。

解説　ケンの家に滞在しているオリバーについての話。ケンはオーストラリアについてあまり知らないので，Ken asks him a lot of things about Australia「オーストラリアについて多くのことを尋ねている」と述べられているので，正解は**3**。ケンは「オーストラリア訪問」に誘われているが，次の夏のことなので**1**は不適。

## No. 26　解答　2

The Svartsengi Power Station is a geothermal power plant in Iceland. The word "geo" means earth, and "thermal" means heat. That means they use heat from the Earth to produce energy. There is a hot spring called the Blue Lagoon nearby. It is supplied with hot water used in the power station. It is one of the most popular places for tourists in Iceland.

**Question:** What is one thing we learn about Svartsengi Power Station?

スバルスエインギ発電所はアイスランドにある地熱発電所である。geoは「地球」，thermalは「熱」という意味である。つまり，エネルギーを作るのに，地球からの熱を利用するということである。近くにブルーラグーンと呼ばれる温泉がある。そこには発電所で使われた温水が供給されている。それはアイスランドで観光客に最も人気のある場所の1つである。

**質問**：スバルスエインギ発電所についてわかることの1つは何ですか。

**1**　アイスランドで最初の発電所だった。

**2**　近くの温泉に水を供給する。

**3**　エネルギーを作るのに風を利用する。

**4**　多くの科学者により訪問される。

解説　Svartsengiやgeothermalという聞き慣れない語が出てくるが，粘り強く聞いていこう。後者については直後に説明があり，地熱発電のことだとわかる。近くの温泉が紹介され，It is supplied with hot water used in the power station.「発電所で使われた温水が供給されている」と説明されているので，正解は**2**。

## No. 27 解答 3

Keiko had played the violin since she was a little girl. She went to music college, and her teacher expected her to play it for five hours a day. It was hard to repeat the same exercises, but after one year she became so good she won first prize in the college contest.

**Question:** What did Keiko's teacher ask her to do?

ケイコは小さいときからバイオリンを弾いていた。彼女は音楽大学に入ったが，先生は彼女に1日に5時間バイオリンを弾くことを求めた。繰り返し同じ練習をすることは辛かったが，1年後に彼女はとても上達したので学内のコンテストで優勝した。

**質問：**ケイコの先生は彼女に何をするように求めましたか。

**1** 新しいバイオリンを買う。
**2** コンサートを開く。
**3** 1日に5時間練習する。
**4** 音楽大学に行く。

解説 話題はケイコのバイオリン。her teacher expected her to play it for five hours a day「先生は1日5時間弾くことを求めた」から，正解は**3**。〈expect＋（人）＋to *do*〉は「（人）に～することを期待する，～することを求める」の意味。

## No. 28 解答 4

Hi, everyone. Today is the last day of school before the summer vacation. Some of you may go camping. Some of you may be working part-time. But there's one thing that I want all of you to do. Do something for someone else. Volunteering, helping your mother with housework... anything is OK. That will be your assignment for the summer. Enjoy, everyone!

**Question:** What is the students' assignment for the summer?

こんにちは，皆さん。今日は夏休み前の最後の登校日となります。皆さんの中にはキャンプに行く人もいるかもしれません。またアルバイトをする人もいることでしょう。でも，私が皆さん全員にしてもらいたいことが1つあります。他の人のために何かをしてください。ボランティアをする，お母さんの家事のお手伝いをする…何でも構いません。それが皆さんの夏休みの宿題です。皆さん，それでは良いお休みを！

**質問：**生徒たちの夏休みの宿題は何ですか。

**1** 家族とキャンプに行くこと。
**2** アルバイトをすること。
**3** 外国でボランティアをすること。
**4** 他の人々を助けること。

解説 夏休みを前にしての先生からの話。Do something for someone else.「他の人のために何かしなさい」より，正解は**4**。その後に出てくる具体例「ボランティアをする」や「母親の手伝いをする」からも推測可能。

## No. 29 解答 3

Mr. and Mrs. White moved into a new house last year. Overall, they are satisfied with the new house because it's very convenient. They can walk to the train station in ten minutes, and there are many stores in the neighborhood. However, it's noisy around their house. They have found that the noise is a big problem for them.

**Question:** What is one thing that we learn about Mr. and Mrs. White's new house?

ホワイト夫妻は昨年，新しい家に転居した。それはとても便利なところにあるので，全般的に言えば，彼らは新居に満足している。電車の駅まで歩いて10分で行けるし，付近には店がたくさんある。しかし，家の周囲は騒音がひどい。その騒音が大きな問題だと彼らは気づいた。

**質問：**ホワイト夫妻の新居についてわかることの1つは何ですか。

**1** 大きくて静かである。

**2** 駅の隣にある。

**3** 便利だが騒がしい。

**4** もとの家ほど便利ではない。

解説 話題はホワイト夫妻の新居。前半で良い点「便利」，「駅に近い」，「近くに店がある」が述べられた後にHowever「しかし」と言い，noisy「うるさい」，さらにthe noise is a big problem「騒音が大問題」と述べられているので，正解は**3**。

## No. 30 解答 2

Yeast is a single-celled organism that exists everywhere around us. People use yeast to make bread rise. The yeast produces a gas called carbon dioxide, or $CO_2$, and it causes the bread to rise. If you didn't use yeast, bread would be hard and flat. To rise well, bread also needs salt, sugar and butter.

**Question:** What happens if you make bread without yeast?

イースト菌は，私たちの周りのどこにでも存在する単細胞の有機体である。イースト菌はパンを膨らませるために利用される。イースト菌は二酸化炭素つまり$CO_2$と呼ばれる気体を出し，それがパンを膨らませるのである。もしイースト菌を使わなければ，パンは固くて平たいものになるだろう。良く膨らませるために，パンには塩や砂糖やバターも必要である。

**質問：**イースト菌なしでパンを作ったらどうなりますか。

**1** より膨らむ。

**2** 平たいままである。

**3** とても柔らかくなる。

**4** 塩や砂糖を必要としない。

解説 イースト菌の説明。If you didn't use yeast, bread would be hard and flat.「イースト菌を使わなければパンは固くて平たくなるだろう」から，正解は**2**。その前に説明されている，イースト菌がパンを膨らませる働きがあることをつかめれば正解が推測できる。

## 筆記試験＆リスニングテスト
# 解答と解説

問題編 p.72〜87

## 筆記

**1**

| 問題 | 1 | 2 | 3 | 4 | 5 | 6 | 7 | 8 | 9 | 10 | 11 | 12 | 13 | 14 | 15 |
|---|---|---|---|---|---|---|---|---|---|---|---|---|---|---|---|
| 解答 | 1 | 3 | 4 | 2 | 1 | 1 | 3 | 1 | 2 | 2 | 1 | 2 | 1 | 4 | 1 |

**2**

| 問題 | 16 | 17 | 18 | 19 | 20 |
|---|---|---|---|---|---|
| 解答 | 4 | 4 | 3 | 2 | 4 |

**3**

| 問題 | 21 | 22 |
|---|---|---|
| 解答 | 1 | 4 |

**4**

| | | *A* | | | *B* | | |
|---|---|---|---|---|---|---|---|
| 問題 | 23 | 24 | 25 | 26 | 27 | 28 | 29 |
| 解答 | 2 | 4 | 2 | 2 | 1 | 4 | 2 |

**5** 解説内にある解答例を参照してください。

**6** 解説内にある解答例を参照してください。

## リスニング

**第1部**

| 問題 | 1 | 2 | 3 | 4 | 5 | 6 | 7 | 8 | 9 | 10 |
|---|---|---|---|---|---|---|---|---|---|---|
| 解答 | 3 | 1 | 2 | 2 | 3 | 3 | 3 | 2 | 3 | 2 |

**第2部**

| 問題 | 11 | 12 | 13 | 14 | 15 | 16 | 17 | 18 | 19 | 20 |
|---|---|---|---|---|---|---|---|---|---|---|
| 解答 | 2 | 1 | 4 | 4 | 4 | 1 | 2 | 2 | 2 | 2 |

**第3部**

| 問題 | 21 | 22 | 23 | 24 | 25 | 26 | 27 | 28 | 29 | 30 |
|---|---|---|---|---|---|---|---|---|---|---|
| 解答 | 4 | 3 | 4 | 3 | 1 | 2 | 1 | 1 | 3 | 1 |

Day **6**

**1**

**(1)** 解答 **1**

A「キャシーと彼女のお姉さん［妹さん］はとてもよく似ているね」

B「うん。僕にはどっちがどっちだか見分けがつかないよ」

解説 Bは I can't tell one from the other.「一方を他方と見分けられない」と言っているので，正解は **1**。alike は「（複数の人・物が）よく似て」という意味の形容詞。**2** distant「遠い」，**3** serious「まじめな，深刻な」，**4** negative「否定的な」。

**(2)** 解答 **3**

A「おはようございます。スミスさんと11時に面会する約束があるのですが」

B「はい，お待ちしております。中にお入りください」

解説 Bの Yes, he's expecting you.「はい，彼はあなたをお待ちしています」から，A は Mr. Smith と会う約束をしていることがわかるので，正解は **3**。appointment は「（日時・場所を決めての）約束」。**1** occupation「職業, 仕事」，**2** imagination「想像（力）」，**4** emergency「非常事態」。

**(3)** 解答 **4**

**A**「この辺りでいいレストランを知ってる？」

**B**「もう湖のそばのイタリアンレストランの席を**予約**してあるよ」

解説 「レストランの席をもう予約してある」という内容になるように，**4**を選ぶ。reserveは「〜を予約する」という意味で，名詞形はreservation「予約」。**1** reduce「〜を減らす」，**2** miss「〜しそこなう」，**3** offer「〜を提供する」。

**(4)** 解答 **2**

**A**「昨夜のジャズコンサートはどうだったの，トニー？」

**B**「本当に素晴らしかったよ。僕は**特**にドラマーが良かったな。すごかったんだ」

解説 「コンサートは素晴らしく，特にドラマーが良かった」ということなので，**2**のparticularly「特に」を選ぶ。**1** necessarily「必ず」，**3** suddenly「突然」，**4** regularly「規則正しく」。

**(5)** 解答 **1**

**A**「私が1週間前に送った手紙は受け取った？」

**B**「いや。まだ**配達**されていないと思うよ」

解説 Bは手紙を受け取っておらず，「まだ配達されていない」という意味になると考えて，**1**を選ぶ。deliverは「〜を配達する」。**2** express「〜を表現する」，**3** produce「〜を生産する」，**4** remove「〜を取り除く」。

**(6)** 解答 **1**

**A**「月曜日は何時に出発しましょうか」

**B**「朝の5時半に出発しよう。ラッシュアワーを**避ける**ようにした方がいいからね」

解説 「ラッシュアワーを避ける」の意味になると考えて，**1**のavoidを選ぶ。なお，avoidは動名詞を目的語にとり，avoid *doing*で「〜することを避ける」の意味。**2** keep「〜を保つ」，**3** hurry「急ぐ」，**4** run「走る」。

**(7)** 解答 **3**

**A**「おはよう，エイミー。眠そうだね」

**B**「眠いわ。夜更かしの癖が抜けないのよ」

解説 エイミーが眠そうなのは夜更かしの癖が抜けないからだと考えて，**3**を選ぶ。the habit of staying up lateで「夜更かしの習慣」，get out of 〜 は「（癖など）から抜け出す」。**1** condition「状態」，**2** action「行動，働き」，**4** deed「行為」。

**(8)** 解答 **1**

「ケイトは，父親が自分と音楽家のボーイフレンドとの結婚を**許して**くれたので，とてもうれしかった」

解説 ケイトがうれしかったのはボーイフレンドとの結婚を許してもらったからだと考えて，**1**を選ぶ。〈allow＋O（人）＋to *do*〉で「O（人）が〜するのを許す」の意味。**2** remember「〜を覚えている」，**3** notice「〜に気がつく」，**4** suggest「〜を提案する」。

**(9)** 解答 **2**

「先週の土曜日はイブリンの両親の結婚20周年**記念日**だった。彼らは一緒に特別な夕食を食べに出かけた」

解説 Evelyn's parents' 20th wedding (　　) が「イブリンの両親の結婚20周年記念日」という意味になるように，**2**のanniversaryを選ぶ。anniversaryは「記念日」で，wedding anniversaryは「結婚記念日」。**1** festival「祭り」，**3** exhibition「展覧会」，**4** foundation「創立」。

**(10)** 解答 **2**

**A**「今度の水曜日に名古屋支店から来るスタッフとの会合の**準備**をしてほしいんですが」

**B**「わかりました。できるだけ早く彼らと連絡を取ります」

解説 a meeting「会合」を目的語にとって自然に意味が通じるのは，**2**のarrange「〜の手はずを整える，準備をする」。**1** twist「〜をねじる」，**3** trust「〜を信用する」，**4** deliver「〜を配達する」。

**(11)** 解答 **1**

**A**「もう2，3分待ってもらえないかしら，ジム」

**B**「いいよ，ごゆっくり。急いでいないから」

解説 Take your time. は「ごゆっくり（どうぞ）」という意味で，会話でよく使われる。なお，Do [Would] you mind *doing* ...? 「〜していただけませんか」は直訳すれば「〜するのを気にしますか」という意味なので，「いいですよ」はNo.（気にしません，構いません）で答えることにも注意しよう。

**(12)** 解答 **2**

「サムの両親は彼に医者になってほしかったが，彼は両親の望み**に反し**，画家になった」

解説 両親は医者になってほしかったが，サムは画家になったということなので，「両親の望みに反した」という内容になるように，**2**を選ぶ。go against 〜 は「〜に逆らう，反する」という意味。**1** get over 〜「〜

を克服する」，**3** take over 〜「〜を引き継ぐ」，**4** go through 〜「（困難など）を経験する」。

### (13) 解答 **1**

「警察は，ビルがその強盗事件と何らかの関係があったと確信している」

解説 have something to do with 〜 で「〜と何か関係がある」。ちなみに，「〜と無関係である」はhave nothing to do with 〜 である。

### (14) 解答 **4**

**A**「今日はすごく暑いね！　泳ぎに行こうよ」
**B**「悪いけど，今日は出かける気分になれないのよ。頭痛がするの」

解説 空所の後にgoingという動名詞が続いているこ

とに注意する。正解は**4**で，feel like *doing*で「〜したい気がする」。**1** put on 〜「〜を身につける」，**2** head for 〜「〜に向かう」，**3** take after 〜「〜に似ている」。

### (15) 解答 **1**

**A**「私のためにあなたの名前と住所を書き留めてくださいますか」
**B**「はい。お互いに連絡を取り合うようにしましょう」

解説 直後にyour name and addressがあることに着目する。write down 〜 は「（名前など）を書き留める，記録する（＝put down）」の意味で，**1**が正解。keep in contact [touch] with 〜「〜と連絡を取り合う」もおさえておこう。

---

**2**

### (16) 解答 **4**

**A**「すみません。助けていただけますか」
**B**「もちろんですよ。何をしましょうか」
**A**「これの使い方を教えてもらえますか」
**B**「自動販売機ですか。ただお金をここに入れれば，缶が下から出てくるはずですよ」
**1** ショッピングモールへの行き方
**2** あなたはどの飲み物が好きか
**3** 私はどこに行くべきか
**4** これの使い方

解説 空所直後でBがThe vending machine?「自動販売機ですか」と言って，その後でその使い方を説明しているので，正解は**4**。

### (17) 解答 **4**

**A**「もしもし，ジョン？　メグよ。どこにいるの？」
**B**「ごめん，メグ。道が渋滞しているから，遅れるよ」
**A**「どうしたの？　事故か何かあったの？」
**B**「いや。道路工事をしているんだ」
**1** 道路が工事中なんでしょう？
**2** 理由を教えてくれますか。
**3** パーティーに遅れるわよ。
**4** 事故か何かあったの？

解説 Bは直後の発言で「いや。道路工事をしているんだ」と答えているので，それに自然につながるのは**4**。

### (18) 解答 **3**

**A**「昨夜見た映画はどう思った？」
**B**「本当に良かったよ。君はどう？」
**A**「退屈だと思ったよ，単なるコンピュータグラフィックスでしかないし」
**B**「そう，僕はとても楽しいと思ったよ。僕はコンピュータグラフィックスに興味があるんだ」
**1** 素晴らしいと思ったよ
**2** それを見ていないよ
**3** 退屈だと思ったよ
**4** また見たいよ

解説 nothing but computer graphics「コンピュータグラフィックスにすぎない」という表現から，Aがこの映画に対して否定的な印象を持ったことが推測できるので，正解は**3**。nothing but 〜 は「〜だけ，〜にすぎない」という意味である。

### (19)(20)

**A**「元気かい，ヘレン？」
**B**「元気よ，ありがとう。休暇でどこかへ行っていたの？」
**A**「いや，会社で忙しくしていたよ。でも，来週休暇をとるつもりなんだ」
**B**「どこに行くの？」
**A**「オーストラリアだよ」
**B**「いいわね。1人で行くの？」

Day
**6**

71

**A**「いいや，家族を連れて行くんだ」
**B**「うらやましいわ！　とにかく，楽しんできてね」

*(19)*　解答　**2**

**1**今，とても忙しそうね。
**2**休暇でどこかへ行っていたの？
**3**休暇に何をするつもりなの？
**4**調子はどう？

解説　男女が休暇について話をしている場面。直後の応答がNoで始まり，「いや，会社で忙しくしていたんだ」と答えているので，正解は**2**。

*(20)*　解答　**4**

**1**泳ぎに行くつもりなの？
**2**ご家族と一緒に行きたいの？
**3**奥さまはご存じなの？
**4**1人で行くの？

解説　空所直後でAがNoと応答していることに注目しよう。空所には，「家族と一緒に出かける」とは反対の内容の問いかけがくることになる。よって**4**が正解。

---

## 3

**全訳**

**ヒロシの水泳**

　ヒロシは泳ぐことが大好きである。小学生のころ，オリンピックでの水泳選手の泳ぎを見て感動し，スイミングスクールに通い始めた。毎週一生懸命に練習した。彼は自分の小学校で一番速く泳げるようになった。両親も彼が小学校で泳ぎが一番うまくなったと聞いて喜んだ。

　ヒロシは中学校に入ると学校の水泳部に所属した。自分が一番泳ぎが速いだろうと思っていたが，クラスメートのジュンの方が彼よりもずっと速かった。ジュンはみんなの関心の的となり，ヒロシは泳ぎに対する自信とやる気を失った。ある日，家族と一緒にプールに出かけた。彼は何も考えずに泳いでいた。すると自分は泳ぎが本当に大好きだということに気づいた。その後，ヒロシは水泳部での練習とジュンとの競争を楽しめるようになった。

*(21)*　解答　**1**

**1**一番速く泳げるようになった

**2**クラス委員長になった
**3**勉強に集中した
**4**プールの掃除をした

解説　空所直前に He practiced hard every week.「彼は毎週一生懸命に（水泳を）練習した」とあるので，その結果どうなったのかを考える。正解は**1**で，小学校で一番速く泳げるようになったのである。次の文に出てくる he had become the best swimmer in his school「学校で泳ぎが一番上手になった」もヒントになる。

*(22)*　解答　**4**

**1**冷たい水が好きではなかった
**2**部活をやめたくなった
**3**泳ぎ方を忘れてしまった
**4**泳ぐことが本当に大好きだった

解説　「何も考えずに泳いでいると，～に気づいた」という文脈で，直後に After that, he came to enjoy practicing at the swimming club and competing with Jun.「その後，水泳部での練習とジュンとの競争を楽しめるようになった」とあるので，正解は**4**。

全訳

差出人：ヘンリー・スミス

受取人：カオリ・ハタ

日付：6月12日

件名：私たちの市へようこそ

カオリへ

　妻のジェニーと，私，ヘンリー・スミスはあなたのアメリカ滞在中のホストファミリーになって喜んでいます。私たちは2人とも62歳で，南アフリカの出身です。私たちは若いときに8年間東京で暮らし，1989年からはずっとアメリカに住んでいます。私は服飾デザイナーをしていて，自分の事務所に8人のスタッフを抱えています。ジェニーは半ば仕事を引退しているので，彼女が家事を切り盛りしています。彼女は良い主婦です。

　私たちはウィスコンシン州の州都である人口約40万人のマディソンに住んでいます。マディソンはシカゴの142マイル北西に位置し，いくつかの美しい湖やミシシッピ川が近くにあります。旅行者の多くがウィスコンシン州の州議会議事堂や州立歴史博物館を訪れます。夏の気候はかなり暖かいですが，冬は非常に寒くなります。昨日，マディソンのビデオと，ジェニーと私が写った写真を航空便であなたに送りました。

　ところで，もしあなたのご家族があなたの滞在中にマディソンを訪れることをご希望なら，どうぞ私たちのところにお泊まりください。市内を見て回ることができます。こちらの素敵なレストランを巡って一緒においしい地元の料理を食べることもできます。ご両親がこのアイデアをどうお考えになるか知らせてくださいね。

それでは。

ヘンリー・スミス

## (23)　解答 **2**

「ヘンリーとジェニーについて，どれが正しいですか」

**1** 1989年から東京に暮らしている。

**2** カオリのホストファミリーになる予定である。

**3** 同じ事務所で働いている。

**4** 南アフリカを訪問するつもりである。

解説　第1段落第1文に are pleased to be your host family during your visit to America「あなたのアメリカ滞在中にあなたのホストファミリーになれてうれしい」とあるので，正解は**2**。**1**は，1989年からはアメリカに住んでいるので不適。**3**は，妻のジェニーは半ば退職していて今は主婦だと言っているので不適。**4**は，南アフリカは彼らの出身地だとあるだけなので不適。

## (24)　解答 **4**

「ヘンリーが言うことには」

**1** マディソンは南アフリカで最大の都市の1つである。

**2** 多くの人が写真を撮りにマディソンに来る。

**3** マディソンの気候は1年を通じて穏やかである。

**4** マディソンにはいくつかの美しい湖がある。

解説　第2段落第2文の後半に has access to several beautiful lakes and the Mississippi River「いくつかの美しい湖とミシシッピ川に近い（へのアクセスがある）」とあるので，正解は**4**。気候については，冬は非常に寒いとあるので，**3**は不適。

## (25)　解答 **2**

「ヘンリーは何をするように提案していますか」

**1** レストランで地元の料理を調理すること。

**2** カオリの家族と一緒に市を見て回ること。

**3** 妻と一緒にカオリの家を訪問すること。

**4** カオリの両親にどんな食べ物が好きか聞くこと。

解説　第3段落では，カオリの両親の来訪についてヘンリーの提案が書かれている。第2文に We can take a tour around the city.「市内を見て回ることができる」とあるので，正解は**2**。**1**は，レストランに行くことは提案しているがそこで料理をすることは提案していないので不適。

**全訳**

**時間を計る**

　私たちは毎日時間について話している。私たちはそれを秒，分，時間，日，週，月，年という単位で計っている。しかし，時間とは何だろうか。誰もそれが何であるかを正確に言うことはできない。それは私たちの生活における最大の謎の1つである。時間が何であるか正確にはわからないが，私たちが時間を計る能力は非常に重要である。時間のおかげで私たちの生活様式が可能となっている。1つの集団にいるすべての者が同じ方法で時間を計らなければならない。時間のおかげで私たちは物事を一定の順序で行うことができるのだ。私たちは朝食は昼食の前にあることを知っている。子供たちは学校が終わるまで遊べない。時間のおかげで私たちは生活を順序立てることができるのである。

　初期の人々は周囲の変化を見ていた。彼らは昼と夜，月の満ち欠け，季節の移り変わりを観察した。彼らはこれらの変化により生活を計り始めた。次に人々は時計を発明し始めた。紀元前11世紀に中国人が水時計を発明したと言われている。水が，ある容器から別の容器にしたたり落ちることで，時の経過を計ったのである。

　私たちが知っているような時計は，ヨーロッパで13世紀から14世紀の間に開発された。1600年代の終わりに，人々は分単位まで正確な置き時計や懐中時計を手にした。美しく，非常に複雑な可動部品が備わっているものもあった。1時間ごと，または15分ごとに動く人や動物の像をあしらったものもあった。音楽を奏でるものもあった。これらの時計を開き，その部品の動きを見るとそれは非常に美しい。

　国が違えば，人々の時間に対する考えも異なる。ある国では，遅刻をせず，正確な時間に基づいてすべてが計画されることがとても重要である。別の国では，人々は時間に関してもっとおおらかである。実際に，もしあなたが時間に正確に行動した場合，そういった国の人々はそれを無礼だと思うかもしれない。時間についての自分の考え方が常に他の人にも当てはまるとは限らないと知ることは重要である。

**(26)** 解答 **2**

「時間のおかげで私たちが可能であることは」

**1** 身の回りの謎を解く。

**2** 生活を順序立てる。

**3** 今何時であるのか話す。

**4** 毎日朝食を食べる。

解説　第1段落第9文でTime lets us put things in a definite order.「時間のおかげで，物事を一定の順序で行うことができる」とあることから，**2**が正解。ここでのorderは「順序」という意味である。

**(27)** 解答 **1**

「初期の人々はどのようにして生活を計り始めましたか」

**1** 周囲の変化によって。

**2** 水時計を発明したことによって。

**3** 水のしたたりによって。

**4** 木材で道具を作ることによって。

解説　第2段落の初めの3文の内容から正解は**1**。最初の2文で周囲の変化についての説明があり，第3文でThey started measuring their lives by these changes.「これらの変化によって生活を計り始めた」とある。**2**，**3**は，第2段落後半に出てくる中国の水時計に関する説明なので，不適。

**(28)** 解答 **4**

「1600年代の終わりに何が起こりましたか」

**1** ヨーロッパの人々が時計を使って音楽の演奏を始めた。

**2** いくつかの時計は以前ほど美しくなくなった。

**3** ほとんどの人々が可動部品の作り方を学んだ。

**4** とても正確な時計が手に入るようになった。

解説　質問文にあるin the late 1600sは，第3段落第2文冒頭に出てくる。その直後にpeople had clocks and watches that were accurate to the minute「人々は分単位まで正確な時計や懐中時計を手にした」とあるので，正解は**4**。

**(29)** 解答 **2**

「私たちが知る必要があることは」

**1** さまざまな国の人々と一緒にいるとゆったりとした気分になれる。

**2** 時間に正確に行動すると無礼になることがある。

**3** どんな国でも物事を順序立てる必要はない。

**4** 時間に正確であることは世界中で常に重要である。

解説　第4段落では，時間の認識が国により異なるこ

とが述べられている。第4文に people there might consider it rude if you are exactly on time 「そこの人々は時間に正確であると無礼だと考えるかもしれない」とあるので，正解は**2**。

## 5

問題文の訳
こんにちは！

ねえねえ，聞いて！　僕は町のスーパーマーケットでアルバイトを始めたんだ。姉[妹]もそこで働いているから，一緒に行っているよ。そこで働いている人たちはとても親切なんだ。君が次の週末に訪ねて来たときに僕が働いている場所を見せるね。仕事は好きだけど，たくさんのことを覚えなければならなくてね。時々，僕は間違いをして，お客さんを不満にさせてしまうんだよ。君は学生がアルバイトの仕事に就くのは良い考えだと思う？

あなたの友達，
クリス

こんにちは，クリス！

Eメールをありがとう。
[解答欄に記入しなさい。]
では，

解答例
It's wonderful that you have a part-time job! How many hours a week do you work there? Can I ask how much you will earn from the job? About your question, I think it's great for students to work part-time. Jobs help them learn about society while they are young. (50語)

解答例の訳
アルバイトをしているなんて素晴らしいね！　そこでは週に何時間働いているの？　その仕事でどのくらい稼ぐのか聞いてもいいかな？　君の質問については，僕は，学生がアルバイトをするのはとても良いと思うよ。仕事は若いうちに社会について知るのに役立つもの。

解説　クリスからのEメールでは，彼が町のスーパーマーケットでアルバイトを始めたこと，姉[妹]もそこで働いていること，そこで働いている人たちが親切であることがまず述べられ，その後に，次の週末に会うときに働いている場所を見せること，そしてアルバイトでクリス自身が苦労している点が書かれており，最後に学生がアルバイトをすることを良いと思うかどうかが尋ねられている。

　まずはクリスのEメールの内容に対するリアクションを書く。解答例では，It's wonderful that .... 「…とは素晴らしい」とその報告の内容に対して肯定的に応答している。他に I'm glad to hear .... 「…と聞いてうれしい」などの表現を用いて応答することもできる。

　次に下線部a part-time job「アルバイト」の特徴を問う具体的な質問を2つ書く。アルバイトなので仕事内容や待遇を尋ねることが中心となるだろう。解答例では，1つ目に「週に何時間働いているのか」と労働時間を尋ね，2つ目に賃金について尋ねている。ただし，賃金について尋ねることは相手に対して無礼となる場合もあるので，Can I ask ...?「…を聞いてもいいですか」という表現を使って控え目に尋ねている。他には「スーパーマーケットではどんな仕事をしているのか（What kind of work do you do at the supermarket?）」なども考えられる。

　最後にクリスからの質問に答える。解答例のように About your question「あなたの質問については」のよう

な表現で始めて，ここで質問に対する回答を述べることをはっきりと示すとわかりやすい。解答例は質問に対して賛同する立場であるが，I think の後は質問文を少し変えて，it's great for students to work part-time としている。work part-time は「アルバイトをする，パートタイムで働く」という意味で，have [do] a part-time job とほぼ同じ意味である。その後で Jobs help them do. 「仕事は彼らが～するのに役立つ」という表現を用いて，仕事が若いうちに社会について知るのに役立つことを理由として挙げている。他の理由としては「さまざまなことを経験できる（They can experience various things.）」や「自分でお金を稼げる（They can earn money on their own.）」なども考えられる。逆の立場の理由としては，「学生は勉強だけに集中すべきだ（Students should focus on studying only.）」などが考えられる。

### 6

#### QUESTION の訳
あなたは今後人々が年賀状を送るのをやめると思いますか。

---

**解答例①**

I think people will stop sending New Year's cards in the future. This is because sending e-mails instead of cards is much easier. People can send messages quickly with their smartphones. Also, many people now post their photos on social media. That means people can always tell their friends how they are doing, so they don't need to send cards. (60語)

**解答例①の訳**

私は今後人々は年賀状を送るのをやめると思います。これは，はがきの代わりにメールを送る方がずっと簡単だからです。スマートフォンで即座にメッセージを送ることができます。また，今は多くの人がソーシャルメディアに自分の写真を投稿しています。つまり，いつも友人たちに自分がどうしているのかを知らせることができるので，年賀状を送る必要がありません。

---

**解答例②**

I don't think people will stop sending New Year's cards in the future. First, many people like sending cards. For example, I enjoy exchanging cards with my friends on New Year's Day. Second, it is important to keep Japanese culture. We should hand down this tradition to our future generations. Therefore, people will continue to send New Year's cards. (59語)

**解答例②の訳**

私は今後人々が年賀状を送るのをやめるとは思いません。まず，カード［はがき］を送るのが好きな人が多いからです。例えば，私はお正月に友達と年賀状を交換して楽しんでいます。次に，日本文化を継承することは重要だからです。私たちはこの伝統を未来の世代に引き継ぐべきです。したがって，人々は年賀状を送り続けることでしょう。

---

**解説** まず，質問に対して「そう思うか（Yes），そう思わないか（No）」の立場を，I think .... またはI don't think .... を用いて表す。解答例①では年賀状を送る習慣はなくなると考えてYes.の立場を，解答例②ではなくならないと考えてNo.の立場を選んでいる。

解答例①では1つ目の理由をThis is because ～「これは～だからです」で導入して，メールを送る方がはがきよりもずっと手軽であると指摘した。さらにその補足説明として，スマートフォンでメッセージを即座に送れると書いた。2つ目の理由はAlso「また」で始めて，最近ではソーシャルメディアに自分の写真を投稿する人が多く，そのため自分の近況を年賀状で知らせる必要はないと論じた。

解答例②では，1つ目の理由として，まず，「カード［はがき］を送るのが好きな人が多い」と一般的に述べた後で，For example「例えば」という接続表現に続けて，自分の経験を書いてその根拠とした。2つ目の理由は

Second「2番目に」で導入して，年賀状の文化的な側面に着目して，「日本の文化を継承することは重要だ」とした。さらにその次の文では「この伝統を次の世代に引き継ぐべきだ」とその内容をさらに発展させた。

　まとめの文については，解答例①では制限語数の関係で省略されている。このように，まとめの文は省略することも可能である。解答例②では「年賀状を送るのをやめない」という文を「年賀状を送り続ける」と言い換えて continue to send New Year's cards とした。基本的にまとめの文は冒頭の意見の部分と同じ内容になるが，できるだけ表現を変えて，表現にバラエティをもたせられるとより良いだろう。

# Listening Test

## No. 1　解答　3

★：I have a bad cold and feel sick to my stomach.

☆：That's too bad. Maybe you should go home.

★：Yeah. If I don't feel better, I might go see a doctor.

**1** Yes, I have already taken my medicine.

**2** Oh, what's wrong with you?

**3** Take care of yourself.

★：ひどい風邪をひいてしまって，吐き気がするんだ。

☆：それは大変ね。たぶんあなたは家に帰った方がいいわ。

★：うん。もし良くならないようなら，医者に行って診てもらうかもしれない。

**1** ええ，私はもう薬を飲んだわ。

**2** まあ，どうしたの？

**3** お大事にね。

**解説**　男性が風邪をひいて具合が悪いと言っているところ。対話の最後の「医者に診てもらうかもしれない」に対しては**3**の「お大事に」が適当。Take care of yourself.「お体を大切にしてください」という表現は日常生活でも頻出なので覚えておこう。go (to) see a doctorで「医者に診てもらう」という意味である。

## No. 2　解答　1

★：Mia, have you met Ms. White yet?

☆：You mean our new teacher? No, not yet. Have you?

★：Yes. I'm sure you'll like her.

**1** What does she look like?

**2** That's OK. We'll wait for her.

**3** I have known her for a long time.

★：ミア，ホワイト先生にはもう会った？

☆：新しい先生のこと？　ううん，まだよ。あなたは会ったの？

★：うん。君はきっと彼女を気に入るよ。

**1** 彼女はどんな人かしら？

**2** いいわよ。彼女を待つわ。

**3** 彼女とはずっと前から知り合いなの。

**解説**　new teacherが話題になっている。No, not yet. はNo, I haven't met her yet. のことで，女の子が新しい先生にまだ会っていないことがわかる。どんな人であるかを尋ねている**1**が正解。What does 〜 look like?は「〜は（外見が）どのようであるか」という定型表現。

## No. 3　解答　2

☆：Masao, have you finished studying for the English test yet?

★：No, it's too difficult for me to understand.

☆：I can help you if you like.

**1** I took the test already.

**2** Thanks, that would be great.

**3** I failed the examination.

☆：マサオ，あなたはもう英語のテスト勉強は終えたの？

★：いや，僕には難しすぎてわからないんだ。

☆：よかったら手伝うわよ。

**1** もうテストは受けたよ。

**2** ありがとう，それは助かるなあ。

**3** 僕は試験に落第したんだ。

**解説**　対話の最後の「勉強を手伝おう」という申し出にどう答えるか考える。正解はそれに感謝してお願いしている**2**。**1**の「もうテストを受けた」や**3**の「試験に落第した」は，テストをこれから受けるので誤り。

## No. 4　解答　2

★：Hello, Grandma. It's Fred. Thanks for sending us apples.
☆：Thank you for calling, Fred. You like apples, don't you?
★：Yes. Mom and I will make an apple pie together.
**1** No. I've never tried it before.
**2** That's great. Enjoy yourselves!
**3** Don't worry. I have a recipe.

★：もしもし，おばあちゃん。フレッドです。リンゴを送ってくれてありがとう。
☆：電話してくれてありがとう，フレッド。あなたはリンゴが好きなのよね？
★：うん。母さんと僕は一緒にアップルパイを作るつもりだよ。
**1** いいえ。以前に食べたことがないわ。
**2** それはいいわね。楽しくやってね！
**3** 心配しないで。レシピがあるから。

解説　孫から祖母への電話。用件はリンゴを送ってくれたお礼を述べることである。会話の最後のMom and I will make an apple pie together.「母さんと僕は一緒にアップルパイを作る予定なんだ」に対して適切な応答は，That's great.「それはいいわね」と答えている**2**。

## No. 5　解答　3

☆：It's going to rain all day tomorrow.
★：That's too bad. I wanted to go on a picnic.
☆：Why don't we rent a movie instead?
**1** No, the mountains are too far away.
**2** We had fun at the picnic.
**3** Yes, I'd like that.

☆：明日は一日中雨が降るわよ。
★：それは残念だな。ピクニックに行きたかったのに。
☆：代わりに映画を借りない？
**1** いや，山は遠すぎるよ。
**2** ピクニックは楽しかったね。
**3** うん，それがいいね。

解説　最後のWhy don't we rent a movie instead?「代わりに映画を借りない？」という誘いに同意している**3**が正解。Why don't we ～?「～しない？」は何かを提案するときの言い方。

## No. 6　解答　3

★：Ella, is this your first time skating?
☆：Yes. It's hard, isn't it?
★：A little. But how do you like it?
**1** No, I can't skate well at all.
**2** Sure, how about you?
**3** Well, I need much more practice.

★：エラ，スケートをするのはこれが初めて？
☆：そうよ。難しいわね。
★：ちょっとね。でも，感想はどう？
**1** いいえ，私はスケートが全然上手じゃないの。
**2** もちろんよ，あなたはどう？
**3** そうね，私にはもっとずっと練習が必要だわ。

解説　前半より2人はスケートをしている場面であることをつかむ。最後の疑問文を注意して聞く。初めてスケートをした感想を聞いているので，**3**が正解。How do you like ～?は「～はどうですか」と相手に感想を聞くときの表現。

Day
**6**

## No. 7　解答　3

☆：Excuse me, how can I get downtown from here?
★：You can go there by subway.
☆：How often do the trains run?
**1** Half an hour ago.
**2** About ten miles.
**3** Every ten minutes.

☆：すみません，ここから繁華街へはどうしたら行けますか。
★：地下鉄で行けますよ。
☆：列車はどのくらいの間隔で運行していますか。
**1** 今から30分前です。
**2** およそ10マイルです。
**3** 10分おきです。

解説　前半から繁華街への行き方を尋ねている場面であることをつかむ。対話の最後にHow often 〜?「どのくらい頻繁に〜?」と頻度を尋ねているので**3**が正解。

## No. 8　解答　2

☆：Hi, Jimmy. What are you reading?
★：Oh, hi, Alice. This is a book on scuba diving.
☆：Scuba diving? Wow! Have you ever tried it?
**1** Yes, I like to read books.
**2** Yes. Last summer, in Hawaii.
**3** Yes. I'll try next year.

☆：こんにちは，ジミー。何を読んでいるの?
★：ああ，やあ，アリス。これはスキューバダイビングの本だよ。
☆：スキューバダイビングですって?　まあ!　今までそれをやってみたことがあるの?
**1** うん，読書は好きなんだ。
**2** うん。去年の夏，ハワイでね。
**3** うん。来年やってみるよ。

解説　対話の最後のHave you ever tried it? (it = scuba diving) をしっかり聞き取ろう。選択肢はいずれも Yes. で答えているが，ここではスキューバダイビングの経験の有無を聞いているので，いつ経験したかを答えている**2**が正解。**3**は I'll try next year. と未来のことを言っているので不適。

## No. 9　解答　3

☆：Are you still a member of the science club?
★：Yes. I spend all of my free time there.
☆：You really like it, don't you?
**1** Yes, I like any kind of sport.
**2** Sure, I was in the science club.
**3** It depends on the project we are doing.

☆：あなたはあいかわらず科学部に入っているの?
★：うん。時間のあるときはいつも科学部で過ごすよ。
☆：あなたは本当に科学部が好きなのね。
**1** うん，僕はどんなスポーツも好きだよ。
**2** もちろん，僕は科学部だったよ。
**3** 取り組んでいる企画によるけどね。

解説　最後の「科学部が本当に好きなのね」という発言を注意して聞く。..., don't you? と聞かれているので Yes か No で答えるべきだと早合点して**1**や**2**を選択しないこと。正解は**3**である。depend on 〜 は「〜次第である」という意味。

## *No. 10* 解答 **2**

| | |
|---|---|
| ☆ : What would you like to study at university? | ☆ : 大学では何を勉強したいの？ |
| ★ : Well, I haven't decided yet. What about you, Cathy? | ★ : うーん，まだ決めていないんだ。キャシー，君は？ |
| ☆ : I haven't, either. | ☆ : 私も決めてないわ。 |
| **1** I'll study chemistry. | **1** 僕は化学を勉強するつもりだよ。 |
| **2** It's a difficult decision, isn't it? | **2** 難しい決断だよね。 |
| **3** It's a good idea to go there. | **3** そこに行くのはいい考えだね。 |

解説　最初の文から，大学での専攻が話題になっていることを理解したい。対話の最後のI haven't, either. は，I haven't decided yet, either. のこと。2人ともまだ専攻を決めていないので，**2**のIt's a difficult decision ... という発言が適当である。decisionはdecideの名詞形で「決定，決断」の意味。

## 第*2*部　🔊 111〜121

## *No. 11* 解答 **2**

| | |
|---|---|
| ★ : Mom, it's me. Can I stay at Joel's tonight? It's his sister's birthday. | ★ : お母さん，僕だけど。ジョエルの家に今夜泊まってもいい？　彼の姉さん［妹さん］の誕生日なんだ。 |
| ☆ : What about your math homework? | ☆ : 数学の宿題はどうなの？ |
| ★ : We'll do it together. Please, Mom? | ★ : 一緒にやるよ。お願い，お母さん。 |
| ☆ : Well, you have a history exam tomorrow morning, right? You should come home tonight. | ☆ : そうだわ，明日の午前中には歴史の試験があるのよね？　今夜は帰って来なさい。 |
| **Question:** Why can't the boy stay at his friend's house? | **質問**：男の子はなぜ友達の家に泊まれないのですか。 |

**1** 彼の母親の誕生日だから。
**2** 翌日に大事なテストがあるから。
**3** 宿題が多すぎるから。
**4** 母親がすでに夕食を作ってしまったから。

解説　息子から母親への電話。用件は外泊の許可をもらうことである。母親は，数学の宿題について確認した後，明日歴史の試験があることを付け加え，「今夜は帰って来なさい」と言っているので，正解は**2**。

## No. 12  解答  1

☆：Excuse me, sir. You cannot walk your dog on the grass.

★：Oh, I didn't know that. Dog walking is not allowed in this park?

☆：You can walk your dog on the footpaths.

★：I see. I'll keep off the grass.

**Question:** What is one thing the woman is saying?

☆：すみません。芝生の上で犬を散歩させることはできませんよ。

★：ああ，それは知りませんでした。この公園では犬の散歩は認められていないのですね？

☆：歩道なら犬の散歩をしても構いません。

★：わかりました。芝生に入らないようにします。

**質問：**女性が言っていることの1つは何ですか。

**1** 芝生の上で犬の散歩をすることは禁じられている。

**2** 公園に犬を連れて入ることは認められていない。

**3** 誰も芝生に入ってはいけない。

**4** 犬の飼い主はビニール袋を携帯しなければならない。

**解説** Excuse me, sir. という呼びかけから，見知らぬ者同士の対話だと判断する。女性は冒頭で You cannot walk your dog on the grass.「芝の上で犬の散歩はできない」と言っているので正解は **1**。keep off the grass は，「Keep Off the Grass（芝生立入禁止）」のような注意看板でもよく用いられる。

## No. 13  解答  4

☆：What should we do tomorrow? I don't want to visit another temple.

★：Me, neither. How about going to the zoo? The guidebook says they have pandas.

☆：That sounds great. I also want to go to the fish market, but it's only open in the morning.

★：OK. So, let's do that first.

**Question:** What did the man and woman decide to do tomorrow?

☆：明日は何をしましょうか。もうお寺には行きたくないわ。

★：僕もだよ。動物園に行くのはどうかな？　ガイドブックによるとパンダがいるそうだよ。

☆：それはいいわね。魚市場にも行きたいけど，朝しか開いていないわ。

★：了解。それじゃあ，先にそれをしよう。

**質問：**男性と女性は明日何をすることにしましたか。

**1** 有名な寺を訪問する。

**2** パンダのビデオを見る。

**3** 動物園でガイドブックを買う。

**4** 最初に魚市場へ行く。

**解説** 冒頭より，明日の行動について相談している場面だとわかる。行き先として相談している場所が，寺→動物園→魚市場と移っていることに注意する。最後の男性の let's do that first「先にそれをしよう」とは魚市場に行くことなので，正解は **4**。

82

## No. 14 解答 4

☆：Why were you absent from school yesterday, Jim?

★：I've got a terrible toothache. I couldn't even think because it kept hurting all the time!

☆：That's too bad. You'd better see a dentist as soon as possible.

★：I've got an appointment this afternoon.

**Question:** Why was Jim absent from school yesterday?

☆：ジム，昨日はどうして学校を休んだの？

★：ひどく歯が痛かったんだ。ずっと痛み続けるから，考えることもできなかったんだよ！

☆：それはお気の毒に。できるだけ早く歯医者に診てもらった方がいいわよ。

★：今日の午後に予約を取ったんだ。

**質問：**なぜジムは昨日学校を休んだのですか。

**1** 町の外にいた。

**2** ひどい風邪をひいた。

**3** 歯医者に行った。

**4** 歯が痛かった。

解説　冒頭の「昨日どうして学校を休んだの？」を注意して聞き取る。I've got a terrible toothache. と言っているので，正解は**4**。後で出てくる see a dentist「歯医者に診てもらう」は昨日ではなくこれからのことなので**3**を選ばないよう注意。toothache は「歯痛」，appointment は「予約」。

## No. 15 解答 4

☆：Paul, how did you do in the math test?

★：I thought it was really difficult. I only scored 45 points.

☆：Well, that's better than my score. I only got 38 points.

★：I heard that Mike got the highest score in the class again.

**Question:** How did Paul do on the math test?

☆：ポール，数学のテストはどうだった？

★：すごく難しいと思った。45点しか取れなかったんだ。

☆：まあ，それは私の点数よりいいわ。私はたったの38点だったのよ。

★：マイクがまたクラスで一番点数が高かったと聞いたよ。

**質問：**ポールは数学のテストはどうでしたか。

**1** クラスで一番低い点数だった。

**2** 38点を取った。

**3** クラスで一番高い点数だった。

**4** 40点より高い点だった。

解説　テストの結果をめぐるクラスメート同士の対話。対話の2人とマイクがそれぞれ何点なのかを整理して聞き取りたい。ポールは前半で I only scored 45 points. と言っているので，正解は**4**。

## No. 16 [解答] 1

☆ : Thank you for flying with us today. Which would you like, chicken curry or pork rice?

★ : I'll have a chicken curry.

☆ : Hmm.... It looks like we just ran out of the chicken curry. I'm so sorry about that. Are you OK with the pork rice?

★ : Ah, I wanted to try the pork, too, so I'm fine with it.

**Question:** What is the problem with the curry on the airplane?

☆ : 本日はご搭乗ありがとうございます。チキンカレーとポークライスのどちらがよろしいでしょうか。

★ : チキンカレーをいただきます。

☆ : ええと…。チキンカレーがちょうどなくなってしまったようです。大変申し訳ありません。ポークライスでも大丈夫でしょうか。

★ : ああ, ポークライスも食べてみたかったので, それでいいですよ。

**質問** : 機内のカレーについての問題は何ですか。

**1** もう残っていない。

**2** おいしくない。

**3** 豚肉が入っている。

**4** 十分に温まっていない。

[解説] 飛行機内での客室乗務員と乗客の対話である。食事を出す場面。女性の客室乗務員が, 男性が注文したチキンカレーについて we just ran out of the chicken curry「チキンカレーがちょうどなくなった」と言っているので, 正解は **1**。

## No. 17 [解答] 2

☆ : Thank you for joining our zoo's guided tour. Here is the giant panda Ten Ten.

★ : Wow. She's bigger than a bear! I'd like to take some pictures of her.

☆ : Sure. Please wait in this line. Please remember to turn off the flash when taking photos.

★ : OK. I hope she doesn't fall asleep before my turn comes.

**Question:** What does the boy want to do?

☆ : 私どもの動物園のガイドツアーにご参加いただきありがとうございます。ここにおりますのがジャイアントパンダのテンテンです。

★ : わあ。クマより大きいや！ この子の写真を撮りたいなあ。

☆ : いいですよ。この列でお待ちください。写真を撮るときに忘れずにフラッシュを切ってくださいね。

★ : わかりました。僕の順番が来る前にこの子が眠ってしまわないといいな。

**質問** : 男の子は何をしたがっていますか。

**1** 大きなクマを見る。

**2** 写真を撮る。

**3** ガイドツアーをキャンセルする。

**4** ゆっくり寝る。

[解説] 動物園のガイドツアーでの対話。男の子が I'd like to take some pictures of her.「彼女（＝パンダ）の写真が撮りたい」と言っているので, 正解は **2**。女性の Please remember to turn off the flash when taking photos.「撮影時には忘れずにフラッシュを切ってください」からも推測可能。

## No. 18  解答 2

★：Hello. This is Mike speaking. May I speak to Yuka?

☆：Yuka speaking. Hi, Mike. How are you doing?

★：Fine. Do you want to go to a concert on Sunday?

☆：I'm sorry I can't. I'm going to a museum with Mari.

**Question:** What will Yuka do on Sunday?

★：もしもし。マイクです。ユカさんはいらっしゃいますか。

☆：私，ユカよ。こんにちは，マイク。元気？

★：元気だよ。日曜日にコンサートに行かない？

☆：悪いけど，行けないわ。マリと博物館に行くことになっているの。

**質問：**ユカは日曜日に何をしますか。

**1** コンサートに行く。

**2** 博物館に行く。

**3** マイクに電話をかけ直す。

**4** 博物館でマイクに会う。

解説 電話での友人同士の会話。マイクからのconcert「コンサート」への誘いに対して，ユカはmuseum「博物館」に行く予定があると言って断っているので，正解は**2**。This is 〜 speaking. は「私は〜です」と電話で自分の名前を伝えるときの表現。

## No. 19  解答 2

☆：Here comes the train.... Oh, no. This train looks terribly crowded!

★：Yes. Shall we wait for the next one? Maybe we'll be able to get seats.

☆：But we'll be late for the lecture, won't we?

★：Oh, you're right. We can't be late.

**Question:** What do the man and the woman decide to do?

☆：電車が来たわ…。まあ，どうしよう。この電車はひどく混んでいるみたい！

★：うん。次の電車を待たない？　座れるかもしれないよ。

☆：でも，講義に遅刻してしまうわよね。

★：ああ，そのとおりだね。遅刻はできないね。

**質問：**男性と女性はどうすることに決めますか。

**1** 次の電車を待つ。

**2** この電車に乗る。

**3** 講義を逃す。

**4** 講義に遅刻する。

解説 前半より電車を待っている場面であることをつかむ。男性の「次の電車を待たない？」という提案に女性は「講義に遅刻してしまう」と言い，男性もそれに同意している。よって，混雑していても今来ている電車に乗ることが予測できるので，正解は**2**。

## No. 20 解答 2

★：Hi, Yoko. I haven't seen you for weeks. How have you been?
☆：Well, I've decided to go to America to study. I've been busy preparing for it.
★：Really? You mean you'll change schools?
☆：Well, I'll come back to this school after staying in America for one year.
**Question:** What is Yoko going to do?

★：やあ, ヨウコ。何週間も会っていなかったね。どうしていたの？
☆：あのね, 勉強しにアメリカに行くことに決めたの。その準備をするので忙しかったのよ。
★：本当？ 君が転校するってこと？
☆：ええと, 1年間アメリカに滞在した後は, この学校に戻ってくるわ。
**質問：**ヨウコは何をしようとしていますか。

**1** 友達に会いにアメリカに行く。
**2** 1年間アメリカで勉強する。
**3** アメリカの会社で働く。
**4** もう1年間同じ学校で学ぶ。

解説 冒頭でヨウコが I've decided to go to America to study「勉強のためにアメリカに行くことに決めた」と言っているので，正解は**2**。また，後半のやりとりから，留学期間は1年であることがわかる。

---

第3部  ◀)) 122〜132

## No. 21 解答 4

Mrs. Williams loves Japanese food. Almost every weekend she goes out to a Japanese restaurant with her husband. They have tried many different kinds of Japanese dishes at the restaurant. Now, she is taking a Japanese cooking class once a month. There are lots of students in the class. It's great fun for her to learn Japanese cooking.

**Question:** What do Mr. and Mrs. Williams do almost every weekend?

ウィリアムズさんは日本料理が大好きだ。週末にはほとんどいつも夫と一緒に日本食レストランに出かける。彼らはそのレストランでたくさんのさまざまな種類の日本料理を食べてみた。現在，彼女は月に1度，日本料理の教室に通っている。その教室にはたくさんの受講生がいる。日本料理を習うことは彼女にはとても楽しい。

**質問：**ウィリアムズ夫妻は週末にはほとんどいつも何をしますか。

**1** 料理教室に通う。
**2** 受講生に日本料理を教える。
**3** 日本に行く。
**4** 日本食レストランへ出かける。

解説 選択肢から，「何をするか」が聞き取りのポイントだとわかる。質問は，Mr. and Mrs. Williams「ウィリアムズ夫妻」が2人そろって何をするかと聞いていることに注意。冒頭部分から2人がすることは日本食レストランに行くこととわかるので，正解は**4**。

## No. 22  解答  3

Junko is a high school student who lives in Tokyo. Yesterday, it snowed a lot in Tokyo, and she built a snowman. Today, she got an email from her Australian friend, Amelia. In the picture sent by Amelia, people were enjoying surfing in the sea. Junko was surprised to find that she and Amelia were living in totally opposite seasons.

**Question:** Why was Junko surprised?

ジュンコは東京に住む高校生である。昨日, 東京ではたくさん雪が降り, ジュンコは雪だるまを作った。今日, 彼女はオーストラリアの友達であるアメリアからメールをもらった。アメリアが送ってきた写真の中では, 人々が海でサーフィンを楽しんでいた。ジュンコは, 自分とアメリアが正反対の季節で暮らしていることに気づいて驚いた。

**質問：**ジュンコはなぜ驚いたのですか。

**1** 知らない人からメールが届いた。

**2** 彼女の手紙は雪のせいで届かなかった。

**3** 友達が違う季節で暮らしていた。

**4** 日本はとても寒かった。

解説  東京に暮らすジュンコとオーストラリアのアメリアの話である。東京の雪とオーストラリアのサーフィンが紹介された後, 最後に「自分とアメリアが全く違う季節で暮らしていることに驚いた」と述べられているので, 正解は**3**。

## No. 23  解答  4

Strawberries have been popular since the Roman times and are grown in many countries now. Despite their name, strawberries are not actually berries, because their seeds are on the outside. However, the tiny pieces that look like seeds on strawberries are not seeds. They are actually fruits themselves and contain their own seeds inside them.

**Question:** What is one thing we learn about strawberries?

イチゴはローマ時代からずっと人気があり, 今では多くの国で栽培されている。その名前（ストロベリー）にもかかわらず, 実はイチゴはベリーではない。というのはその種子が外側にあるからである。しかし, イチゴの表面にある種子のように見える小さな粒は種子ではない。実はそれらはそれ自身が果実であり, その中に種子がある。

**質問：**イチゴについてわかることの1つは何ですか。

**1** 最近人気となった。

**2** さまざまな名前がある。

**3** 種子が全くない。

**4** 真のベリーではない。

解説  イチゴについての説明。前半部分でstrawberries are not actually berries「実はイチゴはベリーではない」と説明されているので, 正解は**4**。

Day

**6**

## *No. 24* 解答 **3**

Brian was supposed to meet Mary at five. When he started the car, he found that he didn't have any money with him. So, he went back to get his wallet. Then he tried to get into his car again, but he couldn't. He had locked his key in the car. He had to ask a 24-hour lock service to unlock the door.

**Question:** What was Brian's problem?

ブライアンは5時にメアリーと会うことになっていた。車のエンジンをかけたとき，お金を持っていないことに気づいた。それで，財布を取りに戻った。それから再び車に乗ろうとしたが，乗れなかった。車の中に鍵を置いたままロックしてしまったのだ。彼は24時間営業の鍵サービスに頼んで，ドアの鍵を開けてもらわなくてはならなかった。

**質問：**ブライアンの問題は何でしたか。

**1** メアリーに会うのを忘れた。

**2** 財布をなくした。

**3** 車の中に鍵を置いてロックした。

**4** メアリーに会ったとき，お金を持っていなかった。

解説 車に乗れなかった理由はHe had locked his key in the car.「車の中に鍵を置いたままロックしてしまった」からなので，正解は**3**。この部分を聞き逃しても，最後の文「鍵を開けてもらわなくてはならなかった」がヒントになる。ここでのlockは「～を閉じ込める」。unlock「～の鍵を開ける」。

## *No. 25* 解答 **1**

Thank you for shopping at Welmo Supermarket. We are closing in about 15 minutes. All fresh food is 20% off the regular price now, so shoppers who might need vegetables, fruit or meat, please hurry to the fresh food section. Please enjoy shopping at Welmo Supermarket, and we'll be here for you tomorrow and every day. Thank you.

**Question:** What is happening to fresh food?

ウェルモスーパーマーケットでのお買い物をありがとうございます。あと15分ほどで閉店いたします。すべての生鮮食料品が今，通常価格の20％引きでございますので，野菜，果物，お肉が必要なお客さまは生鮮食料品コーナーへお急ぎください。どうぞウェルモスーパーマーケットでのお買い物をお楽しみください。私どもは明日も，そして毎日，皆さまのそばにございます。ありがとうございます。

**質問：**生鮮食料品に何が起こっているのですか。

**1** 割引されている。

**2** 別のコーナーへ移動されている。

**3** ちょうど売り切れた。

**4** 明日20％引きになる。

解説 スーパーの一日の閉店間際のお知らせである。All fresh food is 20% off the regular price now「すべての生鮮食料品が今，通常価格の20％引きです」と述べられているので，正解は**1**。**4**は，割引は明日ではなく今現在のことなので不適。

## No. 26 解答 2

Gary belongs to the basketball team. After classes are over, he hurries to the gym and practices basketball. Next week his team will play in the finals of the summer tournament. Gary is not sure whether he will play in the game or not, but he is looking forward to going to the big tournament.

**Question:** What is Gary's team going to do?

ゲーリーはバスケットボールチームに所属している。授業が終わると彼は体育館に急いで行き，バスケットボールの練習をする。来週，彼のチームは夏季大会の決勝戦に出場する。ゲーリーは試合に出場するかどうかわからないが，大きな大会に行けることを楽しみにしている。

**質問：**ゲーリーのチームは何をする予定ですか。

**1** 最後のバスケットボールの試合をする。

**2** バスケットボールの決勝戦に参加する。

**3** 卒業アルバムのための写真を撮る。

**4** 他のチームを学校に招待する。

解説 ゲーリーのバスケットボールチームが話題。Next week his team will play in the finals「来週彼のチームは決勝戦に出場する」と言っているので，正解は**2**。最後の「大きな大会に行くことを楽しみにしている」からも推測可能。finals は「決勝戦」。

## No. 27 解答 1

Tomoko and her friends have decided to go on a trip next spring. Tomoko wanted to go to Nagano and visit some hot spring resorts, but her friends said they wanted to visit Okinawa. They showed Tomoko some beautiful pictures of beaches in Okinawa, so Tomoko began to agree with them.

**Question:** What are Tomoko and her friends most likely to do this spring?

トモコと彼女の友人たちは今度の春に旅行に行くことにした。トモコは長野に行って温泉地を訪ねたかったのだが，友人たちは沖縄に行きたいと言った。彼女たちはトモコに，沖縄のビーチの美しい写真を何枚か見せたので，トモコは彼女たちに賛成し始めた。

**質問：**トモコと彼女の友人たちがこの春に最もしそうなことは何ですか。

**1** 沖縄を訪れる。

**2** 長野に旅行する。

**3** 温泉地でゆっくりする。

**4** 沖縄の友人を招待する。

解説 トモコと友人たちの旅行が話題。トモコは長野の温泉，友人たちは沖縄を希望していたが，最後に Tomoko began to agree with them「トモコは彼女たち（＝友人たち）に賛成し始めた」と述べられているので，友人たちの希望の沖縄へ行く可能性が高いと考えられる。よって，正解は**1**。

## No. 28 解答 1

Now, I'd like to introduce today's lecturer, Professor Lopez from New Mexico. He is a specialist in AI, artificial intelligence. He is going to talk about his study on how robots can be of help to elderly people or people with mental problems. Now, please welcome Professor Lopez with a warm round of applause.
**Question:** What does Professor Lopez do?

さて，本日の講師である，ニューメキシコからお越しのロペズ教授をご紹介いたします。先生はAI，つまり人工知能の専門家でいらっしゃいます。先生には，ロボットがいかにしてお年寄りや精神疾患を抱えた人に役立ちうるかについての研究についてお話しいただきます。さあ，大きな温かい拍手でロペズ教授をお迎えください。

**質問：**ロペズ教授は何をしていますか。

**1** ロボットの利用の仕方を研究している。
**2** ロボットをお年寄りに売っている。
**3** 人々の精神疾患を治療している。
**4** ニューメキシコ大学で講義している。

解説 講演会での講師紹介の場面である。名前と専門についての説明の後で，He is going to talk about his study on how robots can be of help to ～「ロボットがいかに～に役立つかについての研究について話す」と述べられているので，正解は**1**。be of help は be helpful と同義である。

## No. 29 解答 3

Trilobite beetles are insects that are found in rainforests of India or South Asia. They are so named because they look like an ancient creature called trilobites. Female trilobite beetles are colorful. There are black ones with orange dots, and some females are even purple. Strangely, males are rarely seen in the wild. They have been found only a handful of times.
**Question:** What is one thing we learn about trilobite beetles?

サンヨウベニホタルはインドや南アジアの熱帯雨林に見られる昆虫である。それらは，三葉虫と呼ばれる古代生物に似ているので，そのように名付けられている。メスのサンヨウベニホタルはカラフルである。オレンジ色の斑点のある黒の個体や，紫色のメスまでいる。奇妙なことに，オスは野生ではほとんど見られない。ほんの数度見つかっているだけである。

**質問：**サンヨウベニホタルについてわかることの1つは何ですか。

**1** 古代生物である。
**2** カラフルな植物を食べる。
**3** オスはめったに発見されない。
**4** メスは2，3年生きる。

解説 trilobite beetle「サンヨウベニホタル」という聞き慣れない昆虫についての説明である。メスの説明の後，Strangely, males are rarely seen in the wild.「奇妙なことにオスは野生ではほとんど見られない」と述べられているので，正解は**3**。その後に出てくる「ほんの数度見つかっているだけである」からも推測可能である。

## *No. 30*  解答  1

Lisa shares a room with her seven-year-old brother Liam. He usually goes to bed earlier than Lisa, so she has to turn off the light at Liam's bed time. When Lisa studies or reads, she has to use a desk lamp. Moreover, she can't watch her favorite TV program after Liam goes to bed. Now she wants a room of her own.

**Question:** What is Lisa's problem?

リサは7歳の弟のリアムと一緒に部屋を使っている。彼は普段リサよりも早く寝るので，リサはリアムの就寝時刻には電気を消さなくてはならない。勉強や読書をするときは，卓上の電気スタンドを使わなくてはならない。さらに，リアムが寝た後は，好きなテレビ番組を見ることができない。今，リサは自分の部屋が欲しいと思っている。

**質問：**リサの問題は何ですか。

1 リアムと部屋を共有している。

2 リアムの勉強を手伝わなければならない。

3 リアムが夜遅くまで起きている。

4 リアムがリサの机を使う。

解説  冒頭に Lisa shares a room with her seven-year-old brother Liam.「リサは7歳の弟のリアムと一緒に部屋を使っている」と述べられており，それ以降はそのために「早く電気を消す」「好きなテレビが見られない」という自由にならない具体的な状況が説明されている。よって，正解は **1**。

# 面接（スピーキングテスト）
# 解答と解説

問題編 p.90〜93

**問題カードA**　🔊 **133〜137**

**全訳**

### 温かいタオル

日本では多くのレストランが客にぬれたハンドタオルを渡す。その中には温かいタオルもある。客は食事の前に温かいタオルを提供され，そのためいつでも手や口をきれいにすることができる。この習慣は日本国外でも注目を集めている。最近では，外国の航空会社も搭乗客に温かいタオルを出し始めた。

***No. 1***　文章によると，客はなぜいつでも手や口をきれいにすることができるのですか。

***No. 2***　さて，Aの絵の人々を見てください。彼らはいろいろなことをしています。彼らが何をしているのか，できるだけたくさん説明してください。

***No. 3***　さて，Bの絵の男性を見てください。この状況を説明してください。

それでは，〜さん，カードを裏返しにして置いてください。

***No. 4***　今後人々はもっと定期的に外食するようになると思いますか。

　　　Yes.→なぜですか。　No.→なぜですか。

***No. 5***　今日，テレビには多くの料理番組があります。あなたはテレビで料理番組を見ますか。

　　　Yes.→もっと説明してください。　No.→なぜですか。

## *No. 1*

**解答例**

(Because) They are offered hot towels before meals.

**解答例の訳**

食事の前に温かいタオルを提供されるからです。

**解説**　まず，質問文を注意深く聞く。そこに出てくる clean their hands and mouths anytime が問題カードの第3文後半に出ているのを確認しよう。その前にある so「そのため」が第3文前半にある Customers are offered hot towels before meals を受けていることを見抜いて，その部分を答えればよい。ただし，Customers は代名詞 They に置き換えて答えるのを忘れないようにしよう。

## *No. 2*

**解答例**

-A woman is washing dishes.

-A man is cutting some vegetables.

-A girl is throwing away trash.

-A woman is pouring water into a glass.

-A boy is looking at a menu.

**解答例の訳**

－女性が皿を洗っています。

－男性が野菜を切っています。

－女の子がゴミを捨てています。

－女性が水をグラスに注いでいます。

－男の子がメニューを見ています。

解説　すべて現在進行形の文で答える。「～を捨てる」はthrow away ～，「（お茶，水，コーヒーなど）を注ぐ」はpourである。メニューを見ている男の子に関しては，A boy is thinking about what to eat.「男の子は何を食べるべきか考えている」などと表現してもよい。

## *No. 3*

| 解答例 | 解答例の訳 |
|---|---|
| He can't eat the sandwiches because he is full. | 彼はお腹がいっぱいなのでサンドイッチが食べられません。 |

解説　このイラストの説明として，「サンドイッチが食べられない」ことと「お腹がいっぱいである」ことの2点を必ず説明しなければならない。さらに，後者が前者の理由であることも示したい。「お腹がいっぱいである」はbe fullだが，he has already eaten enough「すでに十分食べた」などと表現してもよい。

## *No. 4*

| 解答例（Yes.と答えた場合） | 解答例（Yes.と答えた場合）の訳 |
|---|---|
| More and more restaurants are serving tasty, healthy meals. People will go out to try such food. | おいしくて健康的な食事を出しているレストランがどんどん増えているからです。人々はそのような料理を食べてみようと外出することでしょう。 |
| 解答例（No.と答えた場合） | 解答例（No.と答えた場合）の訳 |
| Cooking at home is cheaper than eating out. Many people want to save money by cooking for themselves. | 家で料理をする方が外食するよりも安いからです。多くの人が自分で料理をして倹約したいと思っています。 |

解説　質問は「今後もっと定期的に外食するようになると思うか」である。まず，Yes.かNo.で答え，それからその理由を述べる。Yes.の場合には，解答例の他に「忙しくなって自分で料理をする時間が取れない人が多い（Many people are getting busy, so they can't have time to cook by themselves.）」なども考えられる。No.の場合には，解答例の費用面の他に，「家庭で料理した食べ物の方が健康的だ（The food we cook at home is healthier.）」など健康面について触れてもよい。

## *No. 5*

| 解答例（Yes.と答えた場合） | 解答例（Yes.と答えた場合）の訳 |
|---|---|
| I often watch cooking programs at home. I take notes on the recipes and cook for my family. | 私はよく家で料理番組を見ます。レシピのメモを取り，家族のために料理をします。 |
| 解答例（No.と答えた場合） | 解答例（No.と答えた場合）の訳 |
| I'm not interested in cooking. I prefer to watch sports news on TV. | 私は料理に興味がありません。テレビでスポーツニュースを見る方が好きです。 |

解説　質問は「あなたはテレビで料理番組を見るか」で，個人的な経験や習慣を尋ねるものとなっている。やはり，最初にYes.あるいはNo.で答え，その後でその理由や具体例などをもっと詳しく説明する。Yes.の場合には，「私は料理が好きです（I like cooking.）」などと言った後で，自分がこれまでに作ったことがある料理について具体的に話してもよいだろう。No.の場合には，解答例のように料理に興味がないことを明言した後で，テレビ

に関連付けて自分が普段見るテレビ番組について説明したり，あるいは「料理」ということから料理以外の自分の興味あることについて話すという手もある。

**問題カードB** 🔊 **138～141**

**全訳**

### 電子黒板

日本の学校では，ほとんどの教師が授業するときに黒板かホワイトボードを使う。最近，電子黒板を利用し始めた学校もある。教師は電子黒板を使って教科についての写真やビデオを見せ，そうすることにより，生徒たちがより良く教科を理解できるように手助けしている。科学技術が学習と指導スタイルを変えている。

*No. 1* 文章によると，教師はどのようにして生徒がより良く教科を理解できるように手助けしているのですか。

*No. 2* さて，Aの絵の人々を見てください。彼らはいろいろなことをしています。彼らが何をしているのか，できるだけたくさん説明してください。

*No. 3* さて，Bの絵の女の子を見てください。この状況を説明してください。

それでは，～さん，カードを裏返しにして置いてください。

*No. 4* 学校には生徒がコンピュータについて学ぶのを助ける授業がもっとあるべきだと思いますか。
　　　　Yes. →なぜですか。　　No. →なぜですか。

*No. 5* このごろ，多くの人がスマートフォンで写真を撮ります。あなたはよくスマートフォンで写真を撮りますか。
　　　　Yes. →もっと説明してください。　　No. →なぜですか。

## *No. 1*

| 解答例 | 解答例の訳 |
|---|---|
| By showing pictures and videos about the subject using electronic blackboards. | 電子黒板を使って教科についての写真やビデオを見せることによってです。 |

**解説**　まず，質問文に出てくるhelp students understand the subject betterが問題カードの第3文最後の部分に出てくるのを確認しよう。その前にあるby doing so「そうすることによって」のdo soがさらにその前にあるshow pictures and videos about the subject using electronic blackboardsを指していることを見抜き，By showing pictures ... using electronic blackboards. と答えればよい。この質問のようにHow ～?「どのようにして～?」という質問の場合By *doing* ～. と答えるのが普通である。

## *No. 2*

| 解答例 | 解答例の訳 |
|---|---|
| -A man is carrying books. | –男性が本を運んでいます。 |
| -A girl is putting on her coat. | –女の子がコートを着ようとしています。 |
| -A girl is taking a pair of scissors out of her bag. | –女の子がカバンからハサミを取り出しています。 |
| -A boy is watering the flowers. | –男の子が花に水をやっています。 |
| -A boy is writing something in a notebook. | –男の子がノートに何かを書いています。 |

**解説** 5つの動作を現在進行形の文で説明する。「～を着る，身につける」はput on ～ である。wearは「～を身につけている」という状態を表し，動作には用いられない。ちなみに反対に「～を脱ぐ」はtake off ～。「Bから Aを取り出す」はtake *A* out of *B*であり，反対に「AをBに入れる」はput *A* into *B*である。waterは動詞として「～に水をやる」という意味があり，water the flowersで「その花に水をやる」。ノートに何かを書いている男の子については，A boy is taking notes on a notebook.「ノートにメモを取っている」のようにも言うことができる。

## No. 3

| 解答例 | 解答例の訳 |
|---|---|
| She doesn't have her glasses with her, so she can't see the blackboard well. | 彼女はメガネが手元にないので，黒板がよく見えません。 |

**解説** このイラストの説明では，「女の子のメガネが手元にない」ことと「黒板がよく見えない」ことの2点を必ず述べる。また，解答例のようにso「それで」を用いて，前者が後者の理由であることも示したい。She can't see the blackboard well because she doesn't have her glasses with her.のようにbecauseを用いて因果関係を表してもよい。さらに，「メガネが手元にない」を「メガネを持ってくるのを忘れた」と考えて she forgot to bring her glasses としてもよい。

## No. 4

| 解答例（Yes.と答えた場合） | 解答例（Yes.と答えた場合）の訳 |
|---|---|
| In today's society, people can't live without computers. Students should be familiar with using computers in preparation for future work. | 今日の社会では，人はコンピュータなしに暮らすことができないからです。生徒たちは将来の仕事に備えてコンピュータを使うことに慣れるべきです。 |

| 解答例（No.と答えた場合） | 解答例（No.と答えた場合）の訳 |
|---|---|
| Many students learn to use computers at home. At school they should spend more time studying other subjects. | 多くの生徒が家庭でコンピュータを使えるようになるからです。学校では他の教科を勉強するのにもっと時間を使うべきです。 |

**解説** 質問は「学校で生徒がコンピュータについて学ぶのを助ける授業をもっと増やすべきと思うか」である。まず，Yes.かNo.で答え，その後でその理由を述べる。Yes.の場合には，「コンピュータについて学ぶことは今日の社会ではとても重要である（Learning about computers is very important in today's society.）」などとコンピュータ学習の重要性について述べて，その後で「生徒はプログラミング［コンピュータグラフィックス］についてもっと学ぶべきだ（Students should learn more about programming [computer graphics].）」などと具体的に学ぶべき事柄を挙げてもよいだろう。No.の場合には，「生徒たちはコンピュータについてすでに十分に学んでいる（Students already learn enough about computers.）」のようにも言える。

## No. 5

| 解答例（Yes.と答えた場合） | 解答例（Yes.と答えた場合）の訳 |
|---|---|
| I often take photos of the food I eat. For me it's like keeping a diary. | 私はよく自分が食べる食べ物の写真を撮ります。私にとってそれは日記をつけるようなものです。 |

解答例（No. と答えた場合）

I rarely take photos with my smartphone. I prefer to take photos with my digital camera.

解答例（No. と答えた場合）の訳

私はスマートフォンで写真を撮ることがほとんどありません。デジタルカメラで写真を撮る方が好きです。

**解説** 「あなたはスマートフォンで写真を撮るか」という個人的な習慣を問う問題である。Yes. か No. で答えた後，その理由やもっと詳しく具体例などを話す。Yes. の場合には，「より良い写真が撮れる（can take better pictures）」など性能面について話してもよいだろう。No. の場合には，スマートフォンで写真を撮らないと話した後で，「情報を得たり友達と情報を交換したりするためだけにスマートフォンを使う（I use my smartphone only to get some information or communicate with friends.）」などと自分の使い方について説明してもよいだろう。